KB241056

白凡 金九先生의 편지

나남출판

백범학술원 총서 ⑤

白凡 金九先生의 편지

ⓒ 백범학술원

2005년 11월 23일 초판 발행
2005년 11월 23일 1쇄 발행

발행자_ 趙相浩
편집_ 배종연
디자인_ 이필숙
발행처 (주) **나남출판**
주소_ 413-756 경기도 파주시 교하읍
        출판도시 518-4
전화_ (031)955-4600(代)
FAX_ (031)955-4555
홈페이지_ www.nanam.net
전자우편_ post@nanam.net

ISBN 89-300-8119-3
ISBN 89-300-3877-8 (세트)
책값은 뒤표지에 있습니다.

백범학술원 총서 ⑤

白凡 金九先生의 편지

NANAM
나남출판

Paikbum Kim Koo's Letters

NANAM
NANAM Publishing House

백범 김구 존영

장 개 석(蔣介石)

진 과 부(陳果夫)

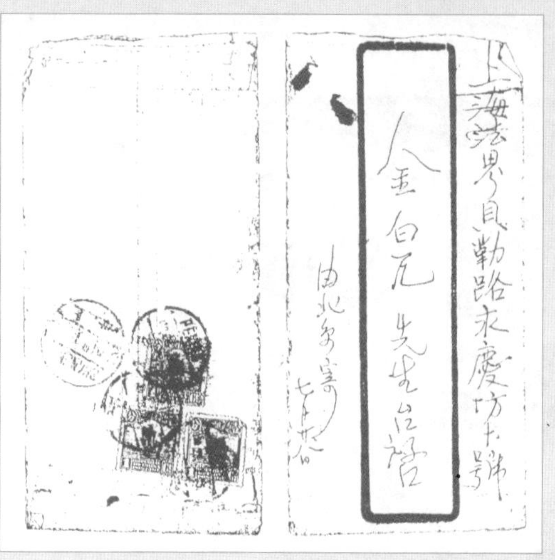

나석주 의사

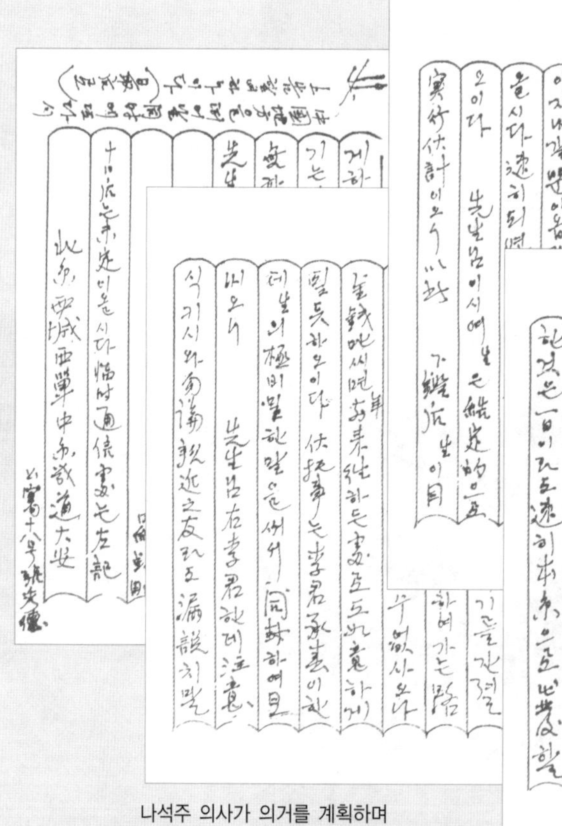

나석주 의사가 의거를 계획하며
백범에게 보낸 편지(1925. 7. 28)

윤봉길 의사

윤봉길 의사가 의거 이틀 전
백범에게 드린 시(1932. 4. 27)

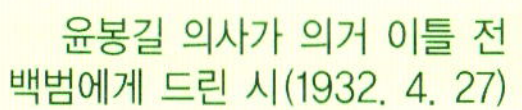

이승만에게 미주 각 단체의 단결에 힘써줄 것을 요청한 백범의 편지(1937. 8. 2)

홍언에게 임정의 이전 등을 알리는 백범의 편지(1938. 9. 14)

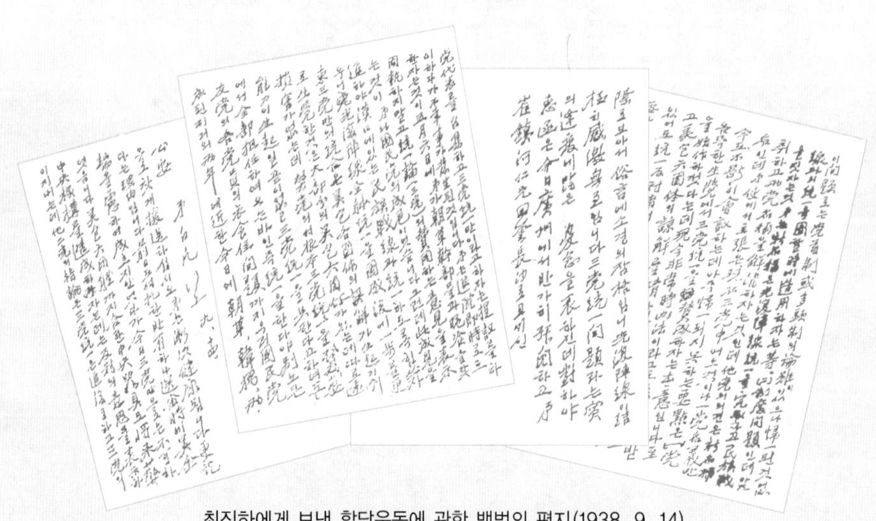

최진하에게 보낸 합당운동에 관한 백범의 편지(1938. 9. 14)

박신애에게 보낸 중경의 공습과
미주 외교대표에 관한 백범의 편지(1941. 7. 25)

박신애 가족 사진

이승만이 백범에게 외교위원장
임무 이행조건을 요구한 편지(1944. 11. 24)

Pres. Roosevelt——5.

help of France, Spain, and Holland, and was first recognized by
... we sincerely hope your Excellency's Government will ...
... the above five proposals in order to hasten our inde-
...
    By this help not only will ruthless Japanese aggression ...
Far East be stopped, but also democracy will it be made to ...
over dictatorial tyranny, ...
tory of mankind will be s...
blish international justi...
for all humanity.

Pres. Roosevelt——4.

country and your Excellency's deep   interests in our country,
we hope most sincerely that your Excellency's Government will
recognize this Provisional Government.

    (2) That it will aid our government in diplomatic,
military, and economic to strengthen our power to fight Japanese
aggression.

    (3) To aid ...
we hope your Excellency ...
in Changking to facili...
and arms supply.

    (4) That ...
the American Government ...
dependance in the peac...
tives are permitted to ...

    (5) That ...
up after the conclusio...
mitted to participate ...

    The propos...
Excellency will not on...
aggression, but it dou...
policy. As your Excell...

Pres. Roosevelt——2.

love of justice and liberty, your regard for ...
your opposition to the tyranny of modern dict...
people have confidence in your Excellency's ...
are sure that your mission to safeguard democ...
torial aggression will be accomplished. Your ...
courageous stand against imperialistic aggres...
and Asia, will live long in the history of ma...
    In the name of thirty million ...
government is now presenting this paper to yo...
order to draw your Excellency's attention to ...
rean independence. It is our sincere wish to ...
ceased diplomatic relations with your Excell...
and with your support and help to regain our ...
to establish a modern democraty nation. This ...
petual peace in the Far East but also will s...
terests of the United States in the Orient.
    Allow us to present to your E...
ing facts about our Provisional Government:
    (I) The Korean Provisional G...
blished in 1919 with the support all those K...
be free from the Japanese yoke and to set up ...

Pres. Roosevelt——7.

nation on the basis of political, economical, and educational
equality.

    (2) Holding the principles of national consciousness,
civilization and self-control, our people are capable of setting
up an independent democratic government ...
... ppressed by Japanese ...
... d with the lessons we ...
... ussia, our determina...
... shakble. It was for t...
... stablished by the ...
... s and our indepen-
... me.
... he party which is ...
... ements and support ...
... was organized by ...
... imperialistic ...
... ese Army.
... this government he ...
... following ...
... relations with your ...

February 25th. 1941.

To President F. D. Roosevelt
    The White House,
        Washington, C. D.
Your Excellency:

    Our diplomatic relations with the United States
were begun May 23rd, 1882, when our government signed the Korean-
American Commercial Treaty with your Minister in Seoul. Unfortu-
nately when Japan forced Korea to accept the protectorial treaty
in 1905, our sixty years of continued diplomatic relations
ceased. But we are ever grateful to your Government and people
for all the sympathy and consideration given to efforts for inde
dependance. Permit us to city the special consideration to Mr.
Chang Rin Hwan in 1907; the sympathy given to our 105 imprison-
ed patriots in 1911; your generosity in letting Korean residing
in America use Independence Hall, Philadlphia, to conduct our
Independence Party Congress in 1919; the discussion of the Ko-
Korean independence problem in your Senate in 1920; and also th
the special consideration given in 1940 to our students studying
in America. All these sympathy and friendship toward our country
    Your Excellency has been re- elected for the third
term as President of the United States of America because your

루스벨트에게 대한민국임시정부의
승인을 요청한 백범의 편지(1941. 2. 25)

金九先生台右 前由徐可詢兄面吿 專擬成
早辦成情報網盼我中央予以援助一節
壹至用飲佩 業時此事辭陳 總裁除加
當甚草政部何部長剛代電開 金君請組織先程
單前奉 查堂電飭核議當經疑具辦法愈奉
核准分飭至堂囑於該草如何編組及今後活
勣區誠云拟定(一)該草編組草位由韓人金九拟
現有人數擬定呈核(二)活動區域俟該草成立后
由員責人此事實需至擬定計劃呈草委員會
核奉兵古合通知當地最高草長官予以協助
以利進行除分電外特電查照辦理見復等
由特函奉達趣希 查照示復以便轉洽去
住威轉懇頌
公祉
　　　　　朱家驊拜啓　五月十八日　廿九军函

백범의 한국광복군 창설계획에 적극 후원하겠다는
주가화의 편지(1940. 5. 18)

주 가 화(朱家驊)

주가화에게 보낸 광복군 총사령부
직원명단을 첨부한 백범의 편지(1940. 9. 19)

오철성에게 보낸 광복군에 관한 백범의 편지(1944. 10. 7)

오 철 성(吳鐵城)

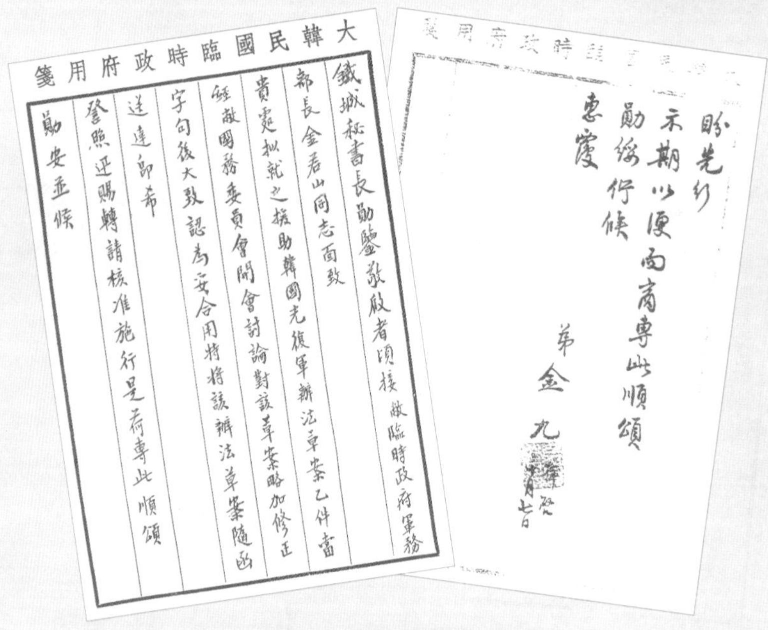

오철성에게 보낸 광복군에 관한 백범의 편지(1945. 2. 1)

김규식

김두봉

김두봉에게 우리의 문제는
우리 자신만이 해결할 수 있다며,
남북연석회의를 제의한
김구·김규식의 편지(1948. 2. 16)

남북연석회의에서 축사하는 백범(1948. 4. 22 평양 모란봉극장)

남북연석회의에 참석하여 방명록에 서명하는 백범

책 머리말

이 책은 백범 김구 선생께서 국민·동지·친우들과 주고받은 다수의 편지들 가운데서 158건을 뽑아 모아서 편집한 것입니다.

형식은 편지이지만 모두가 독립운동의 공공적 활동을 위해 쓰신 것이기 때문에 역사기록과 같은 매우 귀중한 것입니다. 따라서 이 책은 편지 모음책으로도 읽을 수 있지만, 다른 곳에는 기록되지 않은 새로운 사실들을 알려주는 귀중한 사료책으로도 읽을 수 있습니다. 그리고 이 편지들은 대부분 처음 우리말로 간행되는 것입니다.

백범 선생은 우리들이 모두 아는 바와 같이 온 생애를 조국과 민족의 자유·해방·독립·통일을 위해 다 바치신 한국민족의 참으로 위대한 지도자요 영원한 큰 스승이십니다.

백범 선생의 나라와 겨레를 위한 고난의 역정과 백범 선생의 불철주야 분투의 모습이 이 책에 수록된 편지들에서도 나타나 독자들의 심금을 울리고 감동을 줄 것입니다.

이 책에 수록된 백범 선생의 158건 편지들 가운데 한글 및 국한문 혼용의 편지가 23건, 중문 편지가 124건, 영문 편지가 11건입니다.

한글 및 국한문 혼용의 편지는 사료가치를 높이기 위해 원문 그대로 수록해서 옛 문투와 맞춤법도 원문 그대로 수록하였습니다.

　중문과 영문 편지는 원래 백범 선생이 쓰신 것을 임시정부 번역 담당자들이 번역해 보냈던 것이므로, 다시 현대 한국어로 번역하여 수록하였습니다.

　중문 번역에는 김홍매 씨·이향분 씨·김옥설 씨, 윤문과 교열에는 이현진 씨가 수고해 주셨고, 영문 번역에는 마지영 씨가 수고해 주셨습니다.

　중문 편지 등 공개적으로 인쇄되어 발표된 편지 가운데는 당시의 인쇄문화 사정 때문에 오늘날 판독이 어려운 먹칠 글자로 되어 있는 것이 있었습니다. 이 경우에는 전문가에 의뢰하여 최대한 판독하려고 노력했고, 그래도 도저히 판독되지 않는 먹칠 글자들은 빈 자리로 남겨 두었습니다.

　이 책의 본문·번역의 교열을 보아 주신 김용재 선생님께 깊은 감사를 올립니다. 그리고 편집·번역·제작에 온 정성을 기울여 주신 관계자 여러분께 깊이 감사드리는 바입니다.

2005년 10월
백범학술원장 신용하 삼가 씀

白凡 金九先生의 편지

차 례

■ 일러두기

이 책에는 한글 및 국한문 혼용편지 23건, 중문편지
124건, 영문편지 11건 등 총 158건의 편지를 수록했
으며, 편지를 쓴 날짜 옆에 한글편지 한, 중문편지 중,
영문편지 영 표시로 구별해 두었다.

나이(羅李)〔나석주(羅錫疇)〕가 김구(金九)에게

1924.9.11 한

사랑하여 주시는 先生님 今般 黃先生便 下賜하여주신 簡單한 數句說를 깁피깁피 注意하오며 또는 結定한 바이올시다. 先生님 넘어 모든 것에 對하여 生等으로 하여금 掛念치 마시옵소서. 이곳서 運動事가 不如意하여 明日은 出發하여 到威海中和棧爲計이오니, 以此 下鑑하시옵소서. 黃兄은 分路하여 上 北京 明日 出發하엿다가 近間 更逢相約하기로 하고 臨時 事勢에 依하와 分別하엿소이다. 以後 臨發 同時에 一次 再告하려하옵고 餘는 伏祝

先生님 來來 氣力 隨時 安寧하시옵소서.

生等 羅李 上書
九月 十一日

上海 法界貝勒路
永慶坊十號 受
北十二局
金白凡 先生 啓
由台寄

이승만(李承晩)이 김구(金九)에게

1925.4.15 중

　여러 번 편지를 주고받으면서 형과 마음속의 모든 말을 다 털어놓았습니다.　형은 항상 멀리 내다보고 깊이 타산하시나 그런 계획들은 절대 적수공권으로 실현할 수 있는 것은 아닙니다.　오직 먼저 금전을 마련한 후에야 논할 수 있을 것입니다.　하지만 그 금전을 어떻게 마련할지는 제가 알 수 없는 일입니다.　형께서는 저의 고충을 알아 주시고 더는 재정상의 문제를 저한테 말씀하지 마시길 바랍니다.

　안부를 빕니다.

(대한민국) 7년 4월 15일
이승만 올림

나석주(羅錫疇) 가 김구(金九) 에게

1925.7.28

謹伏 未審甚炎

令堂主 老力萬安無損而

先生님 氣候安寧하시옵고 令胤 仁信도 亦爲 善長否孤願이오며, 生은 客裡眠食이 如前하오니, 以是 離鄕者之伏幸이로소이다. 然伏白生 上海서 떠난 后로 東西로 단이면서 無頉히 지내는 中 경영한 것은 一日이라도 速히 本京으로 出發할여고, 但 數個人과 協力하여 오든 바 近間에는 모든 것이 경영대로 되는 듯 하올시다. 所持品은 다되고 費用 幾百元만 이즉 完全히 手中에 되지 못 하엿소이다. 그러하오나 時間이 지나갈 뿐이옵지오. 안이 될 이는 萬無하올시다. 速히 되면 一個月 內外間일 듯하오이다. 先生님이시여 生은 結定的으로 實行伏計이오니 以此 下鑑后 生이 目的 達하는 때까지 사랑하여 주시기를 간절간절 발아나이다. 然中 生이 出發하여 가는 路程은 豫算대로 될년지 端言할수 없사오나 金錢만 잇씨면 年前 來往하든 處로도 如意하게 될 듯하오이다. 伏托事는 李君 承春이 한데 生의 極비밀 한말을 써서 同封하여 보내오니 先生님 右 李君한데 主意식키시와 勿論 親近之友라도 漏說치 말게 하여주시오. 現在 生이 경영之事에 對하여 알기는 이곳 同志 二人과 先生님 李君 外에는 絶對 無하옵니다. 남아는

先生님 氣體候 來來 安康伏 祝耳

七月 二十八日 夜半

生 羅錫疇 上

十日后는 未定이올시다. 臨時通信處는 左記
北京 西城西單中 京畿道 大安
公寓 十八號 張秀德

中國地方을 떠어날 同時에 또다시 上告할여 하나이다(最后로).

上海 法界貝勒路 永慶坊十號
金白凡 先生 台啓
由北京寄
七月 二十八日

김구(金九)가 이승만(李承晚)에게

1928.11.20 한

雩南 先生 台鑑

月前上梭은 想己入 鑑而尙無回 敎悵缺何已謹拜詢以辰道體萬
寧遠慕不己 弟 依劣而已耳 先生께서는 아즉까지 무슨 溫念이 게서
서 回敎부터 안으시는지 알 수 업습니다만은 前者에 弟가 愚直所致
로 先生께 잘못간 일이 잇드랴도 弟짠은 每事에 直衷에서 한일 일
터이고 무슨 野心으로 先生을 打倒하지 안엇을 것까지는 諒解하여
주시기 바라오며, 況叉 우리 獨立運動을 하든 人士들이 검은主義,
붉은主義 온갓 派別로 分離되는 此時에 先生과 弟부터 疏隔하게
지낸다면 大業에 對한 大害가 안임니까. 前者에 上陳함과 같이 弟
나 石吾가 政府를 維持하려고 單薄無能한 솜씨로 名義일망정 雜輩
에 手中에 너치안으랴고 際此嚴冬에 衿衣도 着지 못하고 썰면서 이
片紙를 쓰는 情裏도 좀 아라주서야 하지 안슴니까. 政府집 稅로 訴
訟을 當케 되엿으니 首領을 지내신 先生님인들 마음에 엇더켓슴니
까. 方今 滬上에서 共公演說席上에서 先生과 徐博士의게 對한 非
難演說을 한 者가 有하니 卽 呂運亨인데 緣由는 中外報 記者 李迂
燮과 崔麟이가 歐美에 遊歷하다가 回國하여서 國內人士의 歡迎席
上에서 李迂燮의 말이 하와이 가다가 李博士를 만낫지요. 國內에
서 自治運動을 하는 것이 엇더함니까? 李博士 대답이 그것이라도
하는 것이 좋타고 합듸다. 美洲에서 徐博士를 맛낫지요. 國內에서
自治運動을 하는 것이 엇더함니까? 徐氏 答도 나는 오래 海外에 在

하야 國內事情을 모르니 그것이라 하여야 되겟다면 反對치 안켓다
고 합되다. 英國에서 신펜党 領袖를 보앗지요. 우리가 自治運動을
하는 것이 엇더냐? 한즉 自治運動은 絶對 不可하다고 합되다 라고
말을 한즉 歡送하든 人士들이 신펜党 領袖의 말이 올소구려 햇다는
것이외다. 此事實에 對하야 弟는 事實이 안이라고 생각하오나 先
生이 徐博士를 面談할 期會가 없으니 거긔서 各報紙에 嚴格한 聲
明이 없으면 先生 等에 不名譽 보담도 우리 運動에 큰 影響이 及할
줄 認함으로 冒悚仰陳하나이다. 그리고 先生과 徐博士가 다 三一
報에 顧問이신데 今般 北京에서 李海明이 容萬을 處刑한 것을 暗
殺이라고 하고 長篇談을 記載한 것은 우리 獨立運動者는 勿論 某
某主義者들도 三一報를 唾罵할 것이라. 우리가 容萬의 敵總督府
에 投降하고 木藤놈과 同行하여 秘密 入國하야 鐵道旅館에서 留連
하면서 機密費를 밧아 가지고 나온 일이 發覺되여 靑年들이 銃殺하
려고 함을 알고 朴은 秘密히 하와이 가서 勞動同志들을 쏴여 資金
을 募捐하야 가지고 北京에 潛來하야 中國女子를 妾을 畜하고 淫
을 宣함으로 李海明이 銃殺하고 卽席에 被捕되여 中國法廷에서 調
査한 決果 政治犯으로 五年役을 宣告한지라 朴妾이 容萬의 平時
에 運動하는 文蹟을 提出하고 이러한 歷史가 있는 사람을 偵探이
라 하는냐 抗告하는 것을 안 北平 우리 各團體도 聯合證明을 하고
政府에서 中 政府에 容萬의 罪狀이 事實임을 函證하엿음니다. 源
源批海하여 주심을 바라오며 더욱 道體自重하심 바라나이다.

十年 十一月 二十日에
크리쓰마쓰 禮節 準備에 苦心하는
弟 金九 忙草

윤봉길(尹奉吉)이 '백범 선생(白凡先生)에게'

1932.4.27 한

白凡先生에게

巍巍靑山兮여 載育万物이로다.
鬱鬱蒼松兮여 不變四時로다.
濯濯鳳翔兮여 高飛千仞이로다.
擧世皆濁兮 先生獨淸이로다.
老當益壯兮여 先生義氣로다.
臥薪嘗膽兮여 先生赤誠이로다.

김구(金九)가 청평(靑萍) 소쟁(蕭錚)에게

1933. 3. 10 중

청평(靑萍) 형님께

복정일(濮精一) 동지가 와서 형님 근간의 안부를 알게 되었습니다. 염려해 주신 덕분으로 모든 것이 잘 진행되고 있어 감격할 뿐입니다.

부디 사람을 도우면 끝까지 돕는 의리를 지키시어, 우리의 협력 사업을 하루빨리 실현하기 위해 노력해 주시기를 간절히 바라는 바입니다. 시간을 내어 만나서 자세한 이야기를 나누고 싶습니다. 기다리겠습니다.

건강하십시오.

제 김구 올림

3월 10일

김구(金九)가 청평(靑萍)·패성(沛誠)에게

1934(?).10.6 중

청평(靑萍), 패성(沛誠) 두 동지께

최근에 소식이 뜸해서 편지를 손꼽아 기다렸습니다. 복(濮) 동지가 문안을 와서 두 분의 후의를 알게 되었습니다.

여러모로 바쁘게 뛰어다니신 성의에 감사한 마음 어찌 이루 다 말할 수 있겠습니까? 저희들은 지금 어려운 지경에 처하여 사면이 모두 적입니다. 처음부터 마지막까지 꼭 만전을 기하여 합작의 대업이 중도에서 좌절당하지 않도록 지켜주시길 간절히 바라는 바입니다. 만나 뵙고 말씀드리고 싶지만 만나지 못하여 복 동지한테 대신 모든 것을 전해드리라고 하였습니다.

안부를 물으며 아울러 평안을 기원합니다.

제 김구 올림
10월 6일

김구(金九)가 청평(青萍) 소쟁(蕭錚)에게

1934.10.30 중

청평 형님께

안 동지가 위문을 와서 밖의 근황을 알게 되었습니다. 형님의 진실한 마음에 고마움 한량없습니다. 제 생각에는 과공(果公)께서 꼭 방도를 강구하여 위해시 사건을 선처하시고 독직한 관리 서모의 양심 잃은 행위를 응징하여 후일의 폐단을 근절하는 것이 좋을 듯합니다.

비행기 조종사 이 군의 일은 요즘 방도가 생겼습니까? 이 일이 비록 작은 일이지만 저의 신용문제와 관련이 크기에 빨리 알맞은 위치에 배정시키기를 바랍니다.

복 군이 요즘 집안 일로 휴가를 청했기 때문에 모든 일을 안 동지더러 담당하게 하였습니다. 일을 맡아보며 지시를 청할 때 형님께서 예전과 같이 진심으로 상담을 해 주시어 우리 일을 함께 도모해 주시기를 간절히 바랍니다.

저는 형님이 가르쳐주신 방법대로 도장을 하나 새로 만들었습니다. 이 도장을 보내 드리니 형님께서 살펴봐 주십시오. 후일 저를 대신하여 돈을 받아 가려는 사람이면 누구를 막론하고 마땅히 이 도장을 가지고 있어야 하며 그래야만 효력을 발휘할 수 있습니다. 이에 형님께서 주의해 주시기 바랍니다.

평안을 기원합니다.

제 김구 올림
10월 30일

김구(金九)의 공군건립 요청

〔발신〕 진과부(陳果夫)
〔수신〕 소쟁(蕭錚)
〔연월일〕 1935.10.1 중

청평 형님, 김 군의 고려는 참으로 옳은 것입니다. 동생이 돌아오길 기다려 다시 토론하는 걸로 하겠습니다. 비행기를 사는 일은 그대로 처리하십시오. 다만 비행인원들은 빨리 훈련시키는 것이 좋을 듯하고 경비는 우리 쪽에서 분할하여 발급할 수 있습니다.

과부(果夫)

10월 1일

• 안(按) : 이 서한은 중화민국 24년 10월 1일에 보낸 것입니다. 여기서 '김 군'은 김 백범 선생을 가리킵니다. 이때 김 선생은 비행기를 구입해 공군건립을 계획하고 있었는데 진과부 선생이 그 일을 찬성하였습니다. 그러나 그는 먼저 비행인원을 훈련시키라고 독촉하고 방법을 강구해 경비를 대주겠다고 승낙하셨습니다. 暑寒 속에서 말한 동생은 진립부(陳立夫) 선생을 가리킵니다(소쟁).

김구(金九)가 이승만(李承晚)에게

1937.8.2 한

零南先生 道鑑近間

起居勝常하시온지 願聞이오며, 前月에 光復宣言 起草를 航郵로 貴會 中央部에 보내고 同意를 要求한지 月餘에 回答을 보아 發布코저 期待하든 中華北戰爭이 暴發되여, 中韓 兩民族이 切實히 聯合滅敵하자는 現下에 우리의 散沙 같은 形勢로 남과 交涉하는데 威信이 없을 뿐 아니라, 그네들도 우리의게 不統一을 憂慮케 되는 情勢에 依하여 더 기다리지 못하고 頒布하오니, 唐突을 容恕하시고 中央部에 命令하시와 認準의 回信을 보내실 뿐 아니라, 遠東 各團體와 政府事業에 對하와 時常 敎訓을 주시오며, 今番 宣言書에 遠地에 게신 同志들노 疑訝케 된다면 政府는 同体요, 黨은 腦라는 句節과 光復陣線이 統合의 初步工作이라 한데 考慮될 듯하나, 議政院이 當今은 腦格을 갖이나 約憲에 大党이 成立되면 最高權이 党에 있다는 文句가 있음으로 名詞를 그리 쓴 것이고, 統合은 遠東은 別問題가 없으나 美包 各團體는 自治性을 具備한 團體들인즉 打成一片하기 容易치 안코, 억지로 하는 統合은 弊害가 尤多할 것임으로, 實際로 共公事業을 合心合力하여 가는데서 將來에 眞正한 統一이 되리라는 것이 東方 各同志들의 一致點입니다. 今番 華北戰爭에서 慘無人道에 日本의 一等國의 價値는 表失되고, 中國同胞의 敵愾之心은 極端으로 發表되는 此際에 우리의 光復陣

線 結成은 民族的으로 威信을 發揚하면서 中國과 切實合作하게
되오니 時賜聖敎하시와 大業을 完成하도록 하실 줄 믿고 事機進展
되는대로 자죠 呈報하기로 하고 다만

體廣爲國 健康하심 빌며

白凡 弟 拜上

八. 二.

同封宣言은 貴會로서 各地 同志同胞의 印布하심. 切望切望

김구(金九)가 이승만(李承晚)에게

1937.10.1 한

雩南丈 回鑑

日昨에 葳函을 付飛이옵드니, 今日 寵信을 仰讀하오니 더욱 戰亂中에 遐棄치 안으심을 感中하옵는바, 簡單하신 幾句의 聖敎가 足히 昏衢의 燭光이 되는 줄 深覺하겟나이다. 今次 愚弟가 提唱한 光復陣線에도 許多人士가 打成一片의 主張이 있엇으나, 中央機具를 造成하면 在前 臨政의 舊劇을 다시 演出할 憂慮에서 例套統一의 榮靈을 버리고, 將來 眞正統一의 實現을 目標로 아즉은 統一한 民族運動團體들의 人才와 物力을 合하여 共通된 事業을 進行하자는 것이 歸一되여, 外交 財政 特務는 弟가 擔任, 柳東說 李靑天 曺成煥 玄益哲 等은 軍事, 趙素仰 洪冕熙 趙藕泉 等이 理論 宣傳을 擔任하여, 和冲共論하며 能力대로는 誠實하게들 일하나이다. 從後로도 統一問題가 休息지 안코 各團體에서 나올 터인데 遠東은 難事가 아니오나, 美包 幾個團體는 自治性이 富한 까닭에 統合은 容易치 안타는 認識이 깊이 가지고 있읍니다. 今此 寵敎에 弟心深慕 되는 바는 마음맛는 幾人이고 뭉처서 實際方面으로 勇進하여 世界를 驚動할 事業에 着眼하라신 敎訓에 對하야 弟는 準備한바 計劃과 目的이 있는데, 某方의 援助로 普通事業은 進行하오나 絶對秘密에 屬한 金錢이 아니면 做事爲難합니다. 幡無人道한 倭敵을 懲罰하는데 機密이 쓸 阿賭를 先生께서 周旋하실 수 있는 限度

대로 設力하시오면 民族的으로 光榮될 事業을 成功할 自信이 있음
으로 謹凜하옵고 다시금

道體彊和하심 祝하며

白凡 弟 謹上

十月 一日 夜

二, 一切 通信은 南京으로

김구(金九)가 청평(靑萍) 소쟁(蕭錚)에게

1938.7.5 중

청평 형님께

편지를 받고 보니 마치 선생의 손을 잡은 것 같습니다. 오랫동안 서로 연락이 끊겨 그 슬픔을 이루 다 말할 수 없었습니다.

정일 형님이 방문하여서 형님의 근간 안부를 알게 되었고 덕분에 일체를 돌보아 주셔서 얼마나 고마운지 모르겠습니다. 같은 배를 타고 함께 강을 건너는 의리를 지켜 시종일관 도움을 주신 일 감사합니다.

시간을 내주시면 정일 형님이 선생을 만나 뵙고 말씀을 드리겠습니다.

이만 붓을 놓으면서 평안과 행복을 기원합니다.

제 김구 올림

7월 5일

김구(金九) 선생의 편지

《新韓民報》

최근 원동소식
김구 선생의 편지
1938.7.14 한

흉한에게 저격을 닙어
수삭 동안 위석 신고

최근 중앙 상무부 총무 최진하 씨에게 달한 편지를 의지하건대, 지난 오월 칠일 하오 六시 二十분경에 김구 선생과 현익철 리청천 류동열 제 동지난 원동 모지에 잇난 조선혁명당 당부에서 만찬을 갓치하다가 흉한 리운환이라는 자에게 단총으로 저격함을 닙어서, 김구 선생은 두 방을 맛고 당석에서 혼도하엿고 현익철 동지난 즉시 서세하엿고 리청천 동지난 경상을 닙고 쏘 유동열 동지난 중상하야 김구 선생과 갓치 월여를 병원에서 치료함에 지금 쾌복을 엇엇다는 놀라운 소식이 잇다.

흉한 리가 수삭 전에 조선혁명당에서 출당을 당하엿다 하며, 행흉 후 六일만에 중국 군경에게 잡혀 그 련루자와 함께 지금 심리 중에 잇다고 한다. 우리난 만리양외에 잇어 그 사변의 진상을 알 수 업스나 만일 리모가 적의 주구로 이런 일을 감행하엿으면 이난 천참만륙하여도 그 죄를 용서할 수 업난 것이요, 만일 광복운동자로 주장이 서로 달라서 이런 불상사를 니르키엇다 하더라도 광명정대한 정치적 우정를 버리고 비렬하고 음흉한 암살의 수단을 취하난 것은 혁명당의 긔율상 결코 용서합 수 업난 것이다. 우리난 이제 현익철 동지의 요서를 극히 애도하며 김구 선생 및 리, 류, 량 동지의 요행 대화를 면한 것을 진심으로 위로한다.

그편지의 사의를 완미하면 오날 원동의 운동자 사이에도 통일문 제로 인하야 논쟁이 격렬한 모양인데 이번 사변도 혹시 이와 관련이 업다고 할 수 업다. 그럼으로 그 편지 가운데서 통일에 관한 부분만 을 아래 전제한다.

동지 여러분, 조국광복을 위하야 분투노력하난 것은 우리의 공통 한 문제니 다시 더 말할 것도 업지만은 이것을 신속히 완성하난 첩 경은 오직 전민족적 대동단결에 잇다는 것을 수십년 내에 누구나 다 잘 인식하고 이것을 실현하기에 애를 써오지 아니하엿읍닛가. 그러 나 그 방법에 착오가 잇고 의사에 일치를 얻지 못하여 번번이 실패 한 것도 부인할 수 업난 사실입니다. 그러나 전민족이 단결하지 못 하고 전민족적 사업을 경영할 수 업다는 진리난 진리 그대로 남어 잇엇습니다. 이에 늑긴 바 잇어 과거의 모든 폐단을 거울하야 비교 적 완전한 길을 차져서 다시 실패 업슬 통일을 점진적으로 신중히 구해 보고저 연구해 낸 것이 곳 광복진선이라 하겟습니다. 그러나 본디 무슨 진선이라는 것은 두개 이상의 나른 주의의 단체들이 특정 한 공통의 리익을 위하야 분공합작하는 긔구인즉, 꼭 같은 주의를 가지고 유일한 목적만을 위하야 공동분투하는 우리 독립운동 단체 들이 모여서 진선을 형성한다는 것은 리론에 맛지 아니하는 일입니 다. 비록 일시의 우리의 부득이한 사세로써 그리된 것이나 이 모순 되는 현상을 그대로 오래 지지할 수 업난 것은 명확한 사실이며, 겸 하여 력사적 교훈과 민중의 요구가 통일을 절망할 뿐 아니라 광복진 선 중 원동에 잇는 三단체(한국독립당, 조선혁명당, 한국국민당)는 작년에 남경에서 함께 떠나서 장사까지 온 뒤에는 오날까지 한 솟의 밥을 먹고 지내며 앞으로도 그러할 것이요, 또 여러 가지 공공한 사업은 벌써부터 일치 합작하는 터인즉 한 지방에서 문호만 여럿을 버려 노흘 필요가 업시 되엇나이다. 그리하야 여러 동지들은 통일을 늑기고 잇난 중 수삭전에 제가 비공식이나마 삼당통일문제를 공공하게 발론하고 전체가 이에 찬성하야 실현 방법을 연구하게 되엇습니다. 사변 당일에도 이에 대한 의견을 교환하며 감정도 련락할 겸 저녁을 갓치 논으게 되엇든 것입니다. 이와 갓치 우리에게 서광이 빗치이올 째에 변은 생긴 것입니다. 이번에 희생된 현 동지난 이 통일을 위하야 제와 함끠 가장 힘잇게 노력하든 건장 중의 하나입니다. 우리난 비록 한 개의 건장을 일헛지만 더 속히 더 든든한 통일을 완성하므로써 반역자에게 담복하려 합니다.

동지 여러분, 제난 최후에 다시 중복하야 말합니다. 제난 가신 동지를 위로하기 위하야, 광복대업을 완성하기 위하야 먼저 원동의 삼당 통일을 실현하기에 배전 노력하겟고, 이것을 완성한 뒤에는 첫째 광복진선의 통일, 둘째 해외 한인전체의 통일, 셋째 한거름 더 나가서 전민족적 대동단결을 완성하기에 잔명을 바치랴 하오니, 제를 애호하시고 리해하시는 동지 여러분끠도 각각 그 지방에서 통일을 완성하시고, 그다음에 전민족적 대동단결을 실현하야 천지일시의 조흔 긔회를 잘 리용할 수 잇도록 힘쓰시기를 간절히 바라나이다.

김구(金九)가 홍언(洪焉)에게

1938.9.14 한

東海水夫 洪焉先生 大鑑

長沙에서 올닌 茂函은 俯覽하섯을 듯합니다. 當時는 退院이 無幾日에 手戰으로 執管을 할 수 없음으로 代書와 印書로 事情을 報한 것입니다. 弟는 醫師의 戒囑으로 休養을 하든 中에 長沙가 危險區로 되게 되는데, 二百에 近한 食口와 四五百件에 行李 及 書類와 什物을 갓인 우리 一行은 進退無路 되여 恐惶하는 光景을 보고 病軀를 끄을고 湖南省 主席 張治中 氏를 가서 訪問하고 事情을 말하엿드니 專車 一列을 無料로 供給하라는 命令을 運輸司令官의게 下하야, 七月 十九日에 全體가 無事히 廣州市 까지 來到하여 前路를 料量하니 根本 目的하엿든 雲南은 經費의 浩大로 停行하고, 이곳 鄕村에 老弱은 移動하고 工作人員들은 廣州에 機關을 두고 海岸交通을 利用하야 事業을 開始中임니다. 美包僑胞들의 遠東 中日戰爭의 對한 觀念이 엇어함니까. 羅城僑胞는 이곧서 보기는 模範的으로 뵈여지는데 臨時政府 國民黨의 對한 願望이 무엇이며, 一步를 更進하여 遠東全體의 對한 希望과 公益은 무엇인지, 우리 統一問題에 對하얀 엇던 見解와 要望을 가지는 等等의 要緊한 實情을 兄의 認識대로 仔細히 指敎하여 주시면 감샤하겟고 또는 弟의 今番 長沙遭難의 對한 貴地 所聞과 評判이 如何한지 亦是 指示하심 바람니다. 弟의 身體의 對하여는 거의 復元되엿으나

46

銃알이 이 몸속에 있는 關係인지 右便 팔다리가 不自由한 것뿐입
니다. 아즉 이만으로 끝고
　兄體隨序 錦安을 祝하나이다.

弟 白凡 二拜
九月. 十四日

《新韓民報》는 近一年 받아볼 수 없으니 何故?

김구(金九)가 최진하(崔鎭河)에게

1938.9.14 한

崔鎭河 仁兄 回鑒

長沙로 보내신 惠函은 今日 廣州에서 반가히 拜閱하고, 弟의 逢
變에 많은 憂念을 表하신데 對하야 極히 感激無極임니다. 三党統
一問題라는 實際로 보아서 俗言에 소경의잠 格임니 光復陣線이 結
成된지 긔의 兩年에 近한 今日에 朝革, 韓獨, 兩友党이 各黨員의
衣食住 問題까지 우리 國民党에서 全部 擔任하여 오는 바인즉, 統
一을 한다야 別노 큰 能力이 生起일 곤이 없고 三党統一을 못한다
고 하여도 損害가 없는데, 弊党에서 根本 三党統一을 不必要로 生
覺한 것은 大部分의 美包 六團體가 있는데, 따로 遠東 三党만의
統合은 美包 各團體의 誤解가 生起기 쉬우니, 光復陣線 全體統一
을 圖成後에 一步를 更進하야 漢口에 있는 民族戰線과 統一하도
록 힘쓰자는 것이 弟와 國民党의 成見이엇슴니다. 그런데 此 成見
을 固執하지 말고 統一論(三党)의 贊同하는 意見을 表示하자는 것
이 五月 六日에 弟가 朝革 幹部들과 晩餐을 갖이 하다가 不幸事가
發生된 것임니다. 弟는 退院卽時로 三党代表를 召集하고 三党統
一만이라도 하자는 提議를 하고 今日까지 議論하나 아즉 成事는
못되고 있음니다. 弟의 部分的 統一이라도 하자는데 成見을 버리
고 따라 가자는 것의 必要가 무엇이냐 하면, 世上에 不孝不悌의 惡
評을 듯고 지낼 수 있어도 統一 反對者의 立場을 갖이고는 참으로

忍過키 不能하고, 美包 六團體의 諒解를 請하면 遠東서부터라도 統一을 始作하갯다는데, 現今 非常時 辦法이라고도 諒解를 받음 즉한 生覺에서 三党統一을 贊成하자는 本意임니다. 至今도 不斷히 會議하는데 아즉 歸一되지 못하는 要點은 (一) 党名인데 弟便에서 主張은 現名 三党中 어느 것이나 一党 名義만 취하고 兩黨名稱을 解消하자는 것인데 他黨의 의견은 新名稱을 짓자는 것, 弟는 新名稱은 光復陣線統一을 完成하고 民族戰線과의 統一을 圖할 時에 造用하자는 等, (二) 制度問題인데 아즉 이 問題로는 黨首制 或 多頭制의 論難이 있으나 歸一된 것 없이 지내는데, 他 二党의 指論은 三党統一은 追後로 하고 三党의 中央機構를 造成하자는 데는 反對의 意思를 表示하엿음니다. 美包 六團體까지 合한 中央器具도 將來 弊端을 慮하여 成立지 안엇다가 今日 三党만으로는 不可하다는 理由임니다. 前日도 付託한 바 有하나 送金時에 美金으로 찻게 援送하십시오 弟는 漸次 健康됩니다. 更祝心安

弟 白凡 拜上

九. 十四

중국 민중에 고함

한국국민당 지도자가 중국 민중들에게 드리는 편지

〔신문명〕《신촉보(新蜀報)》
〔발행처〕 중경(重慶)
〔연월일〕 1938.11.25 중

희망컨대 중한 동지들이여 단결을 강화하여
장 위원장의 인솔하에 일본의 제국주의를 타도하자

〔중앙사〕 한국국민당 이사장 김구 선생이 최근 중국 민중들에게 드리는 편지를 발표하였는데 원문은 다음과 같다.

중국이 일본의 침략에 저항하여 전면적 항일전쟁을 개시한 지 벌써 16개월이 지났습니다. 중국 전 군민은 장 위원장의 지도 아래 백절불굴의 정신으로 간고히 분투하여 일본의 속전속결의 망상을 산산이 깨뜨렸을 뿐만 아니라 주도권을 탈취하여 시구전과 소모진 등 각종 임무를 완수하였습니다.

일본은 육·해·공군 1백만여 명을 동원하고 온힘을 다 해 남북으로 침범하였으며 여러 개의 도시가 그들의 포악한 유린을 당하였습니다. 하지만 그들 자신이 받은 타격은 오히려 그들로 하여금 극도의 피로와 전멸의 위기에 처하게 하였습니다. 근래에는 또 내지에 깊숙이 들어갔는데 이건 수렁에 빠진 것과 다름없습니다. 앞으로 높은 산과 험준한 고개에서 싸우려면 그 지리적 위치의 불리한 점들은 모두 자신들이 덮어쓰게 될 것입니다.

중국은 나라를 구하고 생존을 도모하기 위하여 싸울 것이며 희생이 심할수록 정신은 더욱 분발될 것이며 전 국민이 적개심을 불태워 용맹스럽게 돌진하여 항일전쟁을 끝까지 밀고 나가 꼭 최후의 승리를 쟁취할 것이며 반드시 항일전쟁과 건국의 두 사명을 완수할 것입니다.

이 신념은 4억 5천만 중국 민중들의 흔들림 없는 맹세일 뿐만 아니라 더욱이 3천만 한국 민중들의 열렬한 옹호를 받는 신념입니다.

일본 제국주의가 한국을 병합한 지 이미 29년이 되었습니다. 이 29년 동안 제국주의의 이른바 내지연장주의하에 3천만 동포들은 우마보다 못한 생활을 영위하였습니다. 그 처참한 고통은 세인들이 상상조차 할 수 없는 것이며 일제의 압박에 견디다 못한 백성들은 멀리 동북지방까지 엎어지고 자빠지며 넘어와 정처 없이 떠돌아다니고 있습니다. 그들은 요동 삼성의 친애하는 벗들과 동일한 운명에 처해 있으며 남은 목숨을 겨우 부지해나가고 있습니다.

중국에서 신성한 항일전쟁을 시작한 이래 이미 일본에 엄중한 교훈을 주었습니다. 저희 당의 지도 아래 각계의 동지들이 정의와 평화 및 조국광복을 위해 분분히 떨쳐 일어나 29년 동안 쌓이고 쌓인 원한을 풀고 복수할 날을 기다리고 있지만 저희들의 실력이 모자라 대대적 토벌은 아직 이루어지지 못하고 있습니다. 그러나 우리는 하루도 항일사업을 중단한 적이 없습니다.

중국과 한국은 유구한 역사관계를 가지고 있으며 근 수십 년 동안 똑같이 일본 제국주의의 압박을 받아왔습니다. 한국은 불행히 망하긴 했지만 침략을 막아야 한다는 생각에는 처음과 조금도 다를 바 없습니다. 중국이 항전에 승리할 때에 약소민족은 마땅히 그를 도와서 철저한 해방을 얻기를 도모하여 자유평등의 경지에 이르러야 한다고 저는 굳건히 믿고 있습니다.

장 위원장께서 최근에 '옥쇄할지언정 흩어지지 말자'는 결심으로 전 국민에 고하는 글을 발표하여 지구적 항일전쟁에 대해 상세히 설명하셨습니다.

마지막으로 다시 한 번 더 말씀드리면 '지금부터 반드시 더 슬퍼하고 더 각고면려(刻苦勉勵)하여야 하며 더 착실해야 하고 더 애를 써야 하며 더 용맹스럽게 기운을 떨쳐 나아가 전면적 항일전쟁에 힘쓰며 항일근거지를 충실히 함과 더불어 최후의 승리를 이룩할 수 있도록 도와야 합니다.'

김구(金九)가 송헌수(宋憲樹)에게

1939.1.3 한

宋憲樹 仁兄 偉鑒

弟의 本意안은 遠東에 우리 원수 日本이 滅亡의 末路를 踏進하는 戰爭이 開始된 후로, 美包 게신 兄弟들이 消息에 굼주릴 생각을 하고 자조자조 우리 消息브터 報達코저 하지만은 奔走는 奔走대로 하나 成事는 一件도 없으면서, 遠處에서 苦待하시는 兄弟들의게 片紙 一張 書呈할 긔회좃아 難得이니 自愧不已하나이다. 弟는 去年 九月 三十日 廣州서 兩人의 隨員을 다리고 四川 重慶을 二十六日 만에 겨오 到達하고 보니, 그간 武漢과 廣州는 失守됨을 따라 廣東 奠接하엿든 二百에 近한 食口는 木船을 타고 廣西 柳州를 月餘만에 겨오 到達하자 敵飛機가 日日肆虐 하니, 또다시 四川이나 貴州로 移接지 않을 수 없는데, 水路는 己盡하고 鐵路도 없고 겨오 뻐쓰가 通하나 崎嶇險路에도 車輛이 不足하여, 今日 車票를 사고도 三四月에야 車는 타게 되는 것은 뻐쓰가 每日 한 개에 十九人 外에 더 타지 못하는데, 票價는 每人 一週間 船路宿食費만 合하여 百元假量 되겟고 臨政文績과 三党 긔구를 合하면 百數件에 行李를 갖이고 車도 있다 假定하고 金錢도 있다한들, 今年 八十一歲이신 弟의 慈親이 뻐쓰 遠距離 旅行을 無事히 할 信念이 없는데, 七十 以上 老人이 六人이니 二百五十元式 쓰면 飛機로 當日에 모서올 수는 있으나 쓸데 없은 생각뿐이고, 어서 全體를 移接싴이면 上帝께 感謝하겟음니다. 이밧게 또 한 가지 보고하여 들일 것은 우리 독립운동이 起한 以來 各團體가 雨後竹筍 갖이 産生하엿다가 거의 다 없어지고 內外地에 아즉도 無力有力은 別問題이고, 社會主義 方面에 韓人共산당이 沿海州 地境과 中國 關外內에 三十여 개가 竝立하여 暗鬪하고, 民族운동단체 內地는 不算하고 中國 關內外와 美包를 合하면 近 二十개가 되여 各立門戶하여 갖이고, 明爭暗鬪中에 同族愛의 抹殺과 世人의 蔑視 모도가 願치 안는 선물만 차지하게 되고, 어느 단체나 보암직한 단체는 한 개가 없으니 十年 念佛에 도로아미타불 格인데, 客觀的 主觀的 모다가 우리로 하여금 政絃易轍을 안코서는 滅亡도 우리로의 自滅도 못되고 日本이 滅亡하는 바람에 被滅의 地位밧게 튼튼이 내것 될 것 좀도 뵈이지 안음니다. 구제策으로는 弟는 四川에 來着하면서 簡單한 統一口號를 發表한바, 같은 主義를 갖인 단체끼리는 打成一家하자! 다른 主義 단체들은 聯合하자! 이와 갖이 提唱한바 分久必合의 幸運이 도라옴인지, 至今은 各自가 自党의 觀念을 갖이는 人士가 漸多함을 보아 成功의 加望이 있다고 보여짐니다. 遠東 光復陣線 三黨外에 朝鮮民族革命党까지 四개 단체가 統合하여 갖이 民族聯盟과 聯合하면 良策일가? 함니다. 民族聯盟은 兩派 共産黨과 民族革命党과 無政府党으로 結成되고, 아직것 우리 遠東 光復陣線 三党은 聯盟에 參加치 안엇든 것임니다. 疏通을 速키 할 수 있다면 弟의 所願은 美包 各團體가 主唱하고 遠東 各團體는 좇아 가는 것이 좋겟다고 長沙서 崔鎭河 兄의게 送信하엿드니, 遠東 三단체가 먼저 合하라는 片紙는 보앗으나, 될 수만 있으면 美包團體가 主動되는 것이 權威가 있음이외다. 吾兄은 主로 美洲國民會를 幹線으로 하여 包墨큐에 各人各단이 同一 軌道로 進展하도록 努力하심 바람니다. 弟의 身體만은 前과 갖이 强旺함니다. 更祝

兄體近新 多福
弟 金白凡 再拜
一. 三

김구(金九)가 송종익(宋鍾翊)에게

1939.1.4 한

宋鍾翊 仁兄 偉鑒

　弟 在長沙遇兇漢 狙擊 以後에 醫院에서 退院 在家休養 하라는 醫士 勸告가 잊이만은 長沙가 戰區로 化케 되고, 왜 飛行機는 日日數回의 肆虐中 二百 食口를 갖인 弟로는 針氈에 坐함 같은지라, 病軀를 끌고 省政府 主席 張治中 氏를 面會后에 事形을 商議한 結果, 特히 獨車 一列을 許可하여 食口와 許多 行李를 끄을고 廣州까지 가서 老弱은 鄕間에 移接하고, 工作員들은 城內에 事務所를 차리고 中國抗戰을 幫助하게 한 後에, 弟는 去年 九月 三十日에 廣州를 出發하여 長沙로 貴州로 重慶을 到着하기에 二十六日을 經하는 새이에 廣州는 失守됨을 따라, 廣州 食口는 廣西 柳州로 木船을 타고 月餘만에 安着은 하엿으나, 柳州가 危急하니 貴州 四川 地帶로 移接코저 하는데, 水路는 盡하고 鐵路는 없고 뻐쓰는 通하나 車는 不足하고 乘客은 如潮하여 今日 車票를 사도 三四朔 后에야 車를 타게 되고 車價와 食宿費를 幷하면 每人 百元을 算하고, 臨政 文書와 三党 긔구를 운반할 道理가 無하니 장차 엊이하면 좋릿가. 돈도 있고 車도 있다고 假定하여도 今年 八十一歲이신 老母를 긔구한 山路로 一週 以上 뻐쓰 旅行을 하기는 참 難處의 事입니다. 一行中 七十 以上이 六名이니 飛行機로 當日 모셔오면 좋을 터이나 每人 二百五十元이니 其亦 生心을 못합니다. 답답한 報告는 此에 止하고 다시 遠東 우리운동 形態를 報告합니다. 中日

55

戰爭이 發生된 後로 關內外 韓人단체들을 極度로 緊張하엿든바 至
今은 過去 盲動的 掛名的 行爲를 淸算하고, 各 단체가 實地行動
을 取하려는 傾向이 있음으로 弟의 希望은 美包단체에서 統一을
發起하고 遠東 各 단체는 따라가게 되면 꽉 順調가 되염즉 하여,
夏間에 崔鎭河 兄의게 國民會로서 統一을 發起하기를 청하엿드니
遠東 三党 統一을 先行하라는 回答을 보고는 다시는 通信을 보지
못한 남아, 遠東 우리 時局은 이러하기로 弟는 簡單한 統一 標語
를 提唱하오니 主義 같은 團體끼리 統合하여 가지고, 主義 달은
團體끼리는 聯合하자. 우리 韓人의 俄領과 中國 關內外 內地 日
本에 散在한 共産黨이 三十餘개 단체로 互相軋轢하고, 民族운동
方面도 內外地를 通하면 亦是 十餘개 단체로 門戶를 各立하여 갖
이고 互相葛藤하여 온 今日에, 日本놈이 亡하여도 우리가 獨立할
可望보다는 奴籍(종문서를)으로 上典을 밧구는 일밧게 迫頭하여 오
는 것이 보이지 안은 今日에 各党各派가 千門萬戶를 樹立하고 爭
雄한들 何處用之乎. 우리 民族운동단체로는 遠東에 光復陣線 三
党과 民族聯盟中 朝鮮民族革命党까지 四개 단체가 있으니. 爲先
四개 단체부터 統合하면서 美包 光復陣線 六개 단체까지 統合하여
서, 이 곧 聯合에 加擔하는 것이 現下 우리 韓人獨立運動에 最后
一点의 曙光일 듯합니다. 美包 幾個단체 兩 國民會及 同志會는
地方的 自治性을 갖이엿으니, 統一이 된다 하여도 中國 國民党 海
外党部와 近似케 될 거심니다. 엊이 하든지 現下 狀態는 그대로
갖이고 더 나가면 內的外的으로 一毫의 餘望이 없은데, 奈何 內的
으로는 彼此에 面上에 亡國奴 三字를 烙印하엿으니 孰優孰劣을
言及할 곧 없으나, 咫尺에서 보는 中, 倭人을 何面目으로 對之乎.
弟를 사랑하시는 吾兄은 반닷이 以上 報告에 크고 깊이 同感同情
이 게실 줄 믿음으로 支難한 拙言拙筆로 冒續하오니 惠覽后

明敎를 賜하실 줄 믿고 다시금
兄體迎新 萬福을 빌고 끗

白凡 弟 再拜

一. 四

마점산(馬占山)이 김구(金九)에게

1939.1.15 중

김구 선생님께

옥 같은 글월은 방금 받아 보았습니다. 지나친 과찬에 황송하여 몸 둘 바를 모르겠습니다. 선생은 한국의 지사이십니다. 선생의 구국 열정은 바라보고 생각만 하여도 깊이 감복하게 됩니다. 꼭 시기를 놓치지 말고 노력하여 함께 일본을 뒤엎읍시다. 그렇게 되면 귀국이 주권을 회복하게 될 뿐만 아니라 동아시아의 평화도 바로 실현될 수 있을 것입니다. 진실로 지금 이 천재일우의 좋은 기회를 조금이라도 놓치면 안 되는데, 선생의 뛰어난 견해로는 벌써 계획을 세웠으리라 생각합니다. 제가 있는 북평과 천진으로 돌아가면 길에 방애가 있어 좀 어렵겠지만, 선생의 구국 임무가 무거우신 걸 생각할 때 앞으로 이 길을 경유하여 지나가시는 일이 있으면 꼭 온힘을 다해 통행에 협조해 드리겠습니다. 귀 정부 군무장관의 공문은 아직 받지 못했습니다. 선생의 안부를 물으며 아울러 선생의 건강과 행복을 기원합니다.

1939년 1월 15일
마점산 올림

김구(金九)가 김이제(金利濟)에게

1939.6.25 한

金利濟 先生 大鑒

稽顙拜言書面問

候於焉經年이오며, 況又 우리 光復운동이 千載一時인 此際에 惠電惠信을 奉覽하고 今續 執簡하오니 悚愧莫名이오며, 昨日에 華盛頓 李博士의 電報도 奉悉하엿읍니다. 現下 羣力羣策을 集中하여 中國抗戰의 絶好한 時期를 利用하여 倭寇를 打滅할 此際에, 李博士와 같은 民族的으로 名望이 重하고 國際的으로 聲價가 高한 人格으로 宣傳이나 外交方面에서 艱鉅를 自任하심이 極히 感謝할 일인 것은, 우리 一般同胞가 共認할 것은 勿論의 事이오나, 外交와 宣傳은 事實을 背境으로 할 것인데, 우리는 今日에 무슨 事實을 갖이고 宣傳할 것인가. 倭寇가 惡毒하다 野蠻이다함은 擧世共知이니 우리가 自體의 事實을 갖이고 宣傳하여야 必要는 한데 무슨 事實노 할가. 己未 宣言을 根據하여 非暴力으로 精神운동만을 宣傳하여 世人의게 精神的 援助를 求할가요. 否否라. 遠東 各團體는 臨政까지 三一節 紀念式에 獨立宣言書 朗讀을 廢止한지 十餘年입니다. 公約 三章이 우리 全民意에 違背되는 까닭입니다. 우리는 印度 甘地나 菲律濱 圭松의 운동인인 것이고, 大流血을 目標하는 것입니다. 所以로 流血운동으로야 友邦의 도움도 얻을 수 있으나, 精神운동으로는 自體로 進行키 不能하고 他人의 援助도

所望이 없습니다. 現今 華北에 遊擊隊 華南에 義勇隊가 世人의 贊譽를 受하는바, 華北에는 將次 韓國獨立運動을 組織코저 努力中인데, 外交나 宣傳하는 人士들은 非武裝 非暴力운동을 絶叫한다면 自體矛盾만 共開함이니 크게 審愼할 바이오며, 宣傳機關은 무엇이 適當할가 弟의 생각은 臨政이나 廢止久矣인 歐美委部 모두가 不適當하고, 第一 좋은 것은 海外 各團體가 統一된 機關 名義로 우리의 軍事운동을 全力 宣傳하는 것이 當務之急일가 하나이다. 至今 遠東 各 단체가 絶叫하는 統一은 有二하니, 弟與金元봉과 一般 民族운동者는 單一을 主張하고 各派 共産主義者들은 聯合을 主張하는데, 單一黨을 찬성하는 단체가 多大數이니 單一이 成功될 듯합니다. 貴 同志會의 諸位도 此際에 희생적 정신으로 遠東遠西에 各 단체 打成一片하는데 갖이 努力하심이 急先務임을 原諒하시오며, 今間 愛國, 國會, 兩단체가 國民黨에 合同하는데 그 合同하는 일은 贊成이고, 國民黨의 名義는 本黨에서 벌서 희생을 作定한 것인즉, 將來에 大黨이 成立되는 대로 一個 名義가 産出될 거심니다. 愚見에는 李博士께 宣傳이나 外交를 以上에 目標를 갖이시고 하서주섯으면, 또는 無條件으로 統一 參加하시며 그것으로 宣傳의 資料를 爲하심이 如何하올지. 外交事項으로는 (一) 華東北에 獨立軍 編成할 資金을 美軍部에 交涉할 일(華南 義勇隊는 中國의 援助로 進行하나 東北에는 財力 不及으로 始未着手). (二) 北美 及 하와이에 韓人 靑年들의게 軍事技術의 受與. (三) 特히 菲律濱에 遠東 方面의 韓人 靑年을 募集하여 航空人材를 養成의 便宜를 與할 것. (四) 上海, 天津, 北平, 香港, 朝鮮, 日本 某某 地點에 情報網을 秘設할 것. 以上 幾件으로 外交의 目標로 하시고, 또는 韓吉洙 君도 旣爲 登場을 한 以上에는 互相矛盾이 없어야할 터인데, 以上 臚列한 條件을 갖이고 協議進行하시면 좋을 듯함니

다. 弟는 母喪後 니여 委席하여 尙今 起動을 모함니다. 미처 답함
을 못한 것 未安하여 數字付呈하오니 李博士께 轉呈하시와 參考케
하시면 감사함니다. 更祝心安

　　李博士의게 重慶 郵箱 九五를 通知하여주오.

　　　　　　　　　　　　　　　　　哀弟 김구 拜跋
　　　　　　　　　　　　　　　　　六月 二十五日

김구(金九)가 장개석(蔣介石)에게

1940 중

주석 각하

존경하는 진(陳) 선생께서 다른 민족의 해방운동을 협조하려 합니다. 그러려면 반드시 그 민족의 혁명역사와 고유한 인정, 풍습, 특성 등 모든 실상을 정확히 알고 또한 그 민족의 혁명 간부와 오랫동안 연계를 가진 사람만이 능히 협조임무를 담당할 수 있고 그 수요에도 적합할 수 있으며 대한민국임시정부에게도 이로울 것이라고 생각합니다.

각하께서는 늘 도와주심을 아끼지 않으셨고 지금까지 도와주셔서 대단히 감사합니다. 몇 년 동안 쌍방의 특별 관계로 인해 관리인을 수차례 바꾸었습니다. 후임자는 비록 최고지도자의 취지를 좇아 임무를 인수하여 처리하는 데 별반 차질이 없지만, 한국 문제에 대해 평소 연구가 적어 교제하거나 일에 부딪혔을 때 불가피하게 장벽을 면할 수 없었으며 여러 장애를 초래하게 되었습니다. '예를 들면 비밀공작과 쌍방의 특별 관계가 매번 쉽게 누설되어 때때로 어려움이 발생하여 곤란한 경우가 있었습니다.'

다만 귀 당의 진과부 동지가 제일 먼저 한국의 당과 특별관계를 맺은 진영사(陳英士) 선열의 계승인이며, 또한 한국인의 독립운동을 가장 오래 협조한 사람 중의 한 분이시고 게다가 각하께서 제일 신임하는 보좌관이십니다. 이에 앞으로 한국인을 협조하는 모든 일은

오로지 진 동지 한 분께서 전문으로 책임지고 관리할 수 있도록 해
주시길 간곡히 부탁드리는 바입니다. 그러면 앞으로 양국의 전도는
반드시 협의적인 양호한 반향을 일으킬 것입니다. 이에 진 선생을
특별히 써주실 것을 실정을 말씀드려서 간곡히 부탁하는 바입니다.
　소상히 살피시어 허락해주시기를 바랍니다.
　안녕을 기원합니다.

김구 올림

김구(金九)가 류선(驪仙) 주가화(朱家驊)에게

1940.1.2 중

류선(驪仙) 선생님께

새해를 축하하며 항일전쟁 승리를 기원합니다.

지난번에 드린 보고서를 따로 알려드립니다. 우리 국민당과 정상적 연계를 맺자는 요구서는 이제까지의 모든 관계를 헤아릴 때 새로운 문제가 아니며 어려운 문제도 아니라는 가르침을 받았기에 안심하였습니다. 신중한 두 나라의 관계가 정상적으로 회복하길 기다린 지 이미 여러 달 되었고 선생께서도 사무를 맡아보시기에 감히 이 일을 부탁드리는 바입니다. 특히 중한 두 민족의 지금과 장래의 절실한 관계를 염두에 둘 때 하루빨리 연계를 결성하여 실행시키는 것이 가장 중요합니다.

본래 새해를 축하드리며 심중에 생각한 바를 말씀드리려 계획하였지만 선생께서 새해에 즈음하여 당의 사무와 여러 접대사무로 분명히 바쁘실 것이라 생각하니 폐를 끼칠 수가 없어 삼가 이 간단한 편지를 써서 대신합니다.

만약 상의할 일이 있으면 날짜와 장소를 알려주십시오. 그러면 즉시 달려가 가르침을 받겠습니다.

소상히 살피기를 간절히 바랍니다.

김구 올림

1월 2일

▪연락처: 저기문(儲奇門) 거리 홍빈여관 3층 25호

김구(金九)가 최진하(崔鎭河)에게

1940.1.22 한

崔鎭河 仁兄 大鑑

　弟가 重慶을 到着한 後 大槪 經過를 報告한 航空信을 俯覽하섯는지 日日 賜鑑을 踏望하나이다. 此地에 來留한 後 廣西로 退住하는 全體家眷는 別故는 無하나 날마다 飛行機 空襲을 豫防키 爲하야 警察이 家家戶戶에 出張하여 居民을 野外로 驅散하엿다 黃昏에 歸家케 함으로, 우리 百餘 家眷도 朝食後에는 山間川邊에서 날을 보내는 것으로 擧皆 焦燥한 생활을 하며, 安全措置를 爲하야 報道가 日至하나 別方法은 無하고 中國 中央政府에 交涉한 結果, 幾日前에야 交通部 命令으로 김구의 家眷全體를 無料로 四川으로 運來하라는 公文을 보내엿으니, 不遠에 到着할 希望이 있음니다. 二千餘里 뻐쓰 一臺 往返에 깨소링 갑시 千餘元인데 七八臺에 旅費 幷하면 萬餘元이오, 現下 運軍이 緊急한 때에 絶對的 同情이 아니면 못될 일임으로, 於心에 未安千萬인 즈음에 在美韓人聯合 中國後援로서 車一臺를 紅十字會에 捐助한 事實이 中國에 各新聞에 揭載됨을 보니 萬丈生光이 되나이다. 우리 遠東 各 단체는 統一을 高操하는데 統一이 못되면, 內的外的으로 立於世하기 不能하야 統合, 聯合 이 두 가지 中에 한 가지는 成就될 거심니다. 新韓民報 去年 十一月 十七日 記載된 臨時臨府 移轉에 關한 것과 遠東에 特派員 派送의 運動이 있음으로 보고, 弟는 諸位의 明達을

欽仰하고 眞心으로 代表員 來東을 歡迎합니다. 더구나 統一운동이 高度되는 此時엠니다. 그런데 어느 路線을 取함이 適宜할가. 俄國을 經由함은 아즉 未便하고, 安南으로 雲南을 經由, 香港을 와서 飛機로 重慶까지도 此 兩路線을 取함이 似好하니, 第一 香港으로 經由하거나 雲南 經由를 하실 作定이면 事前에 通知를 하신다면 香港, 昆明에서 迎接引導할 方法을 請求하겟음니다. 그리고 우리의 關內 各 단체는 全部 重慶에 集中되엿으니, 代表員의 接應이 極便利하려니와 中國 最高長官을 訪問하는데도 미리 交涉疏通이 必要하겟음니다. 年前에도 上言한 바 있는 듯함니다. 至遠東에 우리 活動은 北에 遊擊隊 南西에 義勇隊가 있는데, 從後로는 獨立的으로 韓國軍隊를 組織할 計劃인즉, 技術人才가 크게 需要되오니 現在 歐美 各國에 散在한 韓人靑年으로 技術人才를 調査하시여 東方으로 送來하여 주시면 감샤하겟나이다. 아즉 이만 주리고 更祝

　心安

白凡 弟 以上
一. 二十二

此書는 封面을 誤書하여 退還된 거시나 參考가 될가 하여 보내 鎭河 兄에게 뵈이소서.

김구(金九)가 가균(可均) 서은증(徐恩曾)에게

1940.1.26 **중**

가균(可均) 선생님께

얼마 전에 만나 뵙고 훌륭한 가르침을 귀담아 듣고 나서 너무 흔쾌하여 그날로 복정일 동지와 함께 강조민(康兆民) 선생을 그의 부도관(浮屠關) 사저에서 만나 오랜 시간 동안 이야기하며 서로의 의견을 나누었습니다.

강 선생께서는 벌써 여러 해 동안 저희들의 운동을 열성적으로 도와주셨습니다. 그럼에도 아직 노고를 마다하지 않고 한인들의 통일을 책임지고 돕겠다고 하시니 그 열정과 후의에 진심으로 탄복하게 됩니다. 다만 그분께서는 한인의 정황에 대해 아직 이해가 깊지 못하시어 저희들이 통일하지 못하는 응어리를 선입견이 너무 깊고 개성이 너무 강한 까닭에서 빚어진 것이라고 알고 계시는데 이것은 사실에 부합하지 않습니다.

20년 동안의 한인분쟁은 모두 다 공산당의 방해에 의하여 생긴 것으로 그자들은 때로는 독자적으로, 때로는 연합하여 온갖 방법을 다해 민족운동의 역량을 분열하고 감소시켰습니다.

중국이 당내 숙청을 시작하자 그자들은 감히 관내 여러 지역에서 공공연히 소란을 피우지 못하였으나 오히려 동북지역에서 제멋대로 독염을 토해 살인, 방화 등 못하는 짓들이 없었습니다.

7·7 노구교 사변이 터지자 중국은 항일전쟁과 국공합작을 시작하였습니다. 그러자 그자들은 좋은 기회라 엿보고 여러 가지 명의

를 빌려 전방과 후방 속으로 섞이고 숨어들어 그자들의 술법을 부리었는데 이것은 오직 중국 국민당이 민족운동자들에 대해 여러 가지 편리를 많이 도모해 주기 때문입니다.

그자들은 실로 모든 것을 독단하여 처리할 가능성이 있습니다. 게다가 우리 민족운동자들이 힘을 키우는 것을 극히 꺼리어 통일이라는 미명 아래 민족운동의 대두를 파괴하려 동분서주합니다. 광복운동에 성의가 있는 자이면 또한 다르겠지만 실제로 그자들의 마음속에 어찌 조국이 있겠습니까? 결국 오늘날에 이르러 여러 당의 통일사업의 파괴를 초래하였고 저희들의 운동은 민족주의와 공산주의 양대 진영의 분기점 위에 입각하게 되어 한발자국만 잘못 내디뎌도 벼랑에 떨어지는 신세가 돼버렸습니다.

만일 중앙에서 확실하게 민족운동자를 도와주시면 일체 공작은 모두 주동적 위치를 차지하게 될 것이며 그렇게 되면 그자들은 궤계(詭計)를 부릴 수 없게 되며 항일공작 또한 저절로 한곳으로 쏠리게 될 것입니다.

이와 반대로 만일 대등한 방법으로 통일을 이룩하는 것을 돕거나 혹은 기타 원조를 주거나 하면 저희들의 전도는 앞으로 상상조차 할 수 없으며 통일 운운은 주제에서 점점 더 멀어지게 될 겁니다.

총체적으로 한인들의 분쟁은 완진히 주의(主義)의 대립에 기인하여 생겨난 것이며 절대로 선입견이 있어서였다고는 말할 수 없습니다.

중국의 항일전쟁은 이미 2년하고도 반년이 넘었습니다. 하지만 저희들은 아직까지 이 전쟁에 아무런 실적을 쌓지 못했습니다. 부끄러워 쥐구멍에라도 들어가고 싶습니다. 이제 계속 더 시일을 끌면 우리는 앉아서 천재일우의 좋은 기회를 잃어버리게 될 것이며 그렇게 되면 역대의 조상님들과 후세의 자손들의 기대를 저버리는 것은 물론 장차 한반도가 붉은 색으로 물들게 될 것입니다. 차마 그걸 어떻게 눈뜨고 볼 것이며 생각하면 어찌 몸서리치지 않을 수 있겠습니까? 부디 소상히 살피시고 저의 청구를 허락하시어 신속히 구제를 베풀어 주십시오. 다시 민족운동으로 하여금 더딘 발걸음을 하게 말고 중도에 중지되어 좌절당하는 일이 없도록 해주십시오. 이것이 바로 제가 절실히 바라는 바입니다.

선생의 안녕과 건강을 기원하며 회답을 간절히 기다리겠습니다.

제 김구 올림

1월 26일

김구(金九)가 김호(金乎)에게

1940.2.16 힌

金乎 我兄 大鑑

今에 光軍의 基礎鞏固를 自力 卽 同胞의 血力으로 完成하고, 그 우에 友邦의 援助를 得하여 進展하는 것이 우리의 萬年大計의 最上策이라 思得한 것은, 前者에도 公私間 말슴을 들엿는 것으로 알기 때문에 詳細히 말슴을 안코 大體로 此 幾句를 仰議하나이다. 今日에 中國의 抗戰은 英美蘇의 援助로 持支하는 바, 美나 蘇 어느 一個國에서만 도움을 받는다면 自然 監督, 指導 等 鉗制를 在所不免이나, 中國이 自力으로 長期抗戰의 基礎가 튼튼한 것을 보고서 各種 後援을 競爭的으로 하기 때문에 中國의 自尊性은 조곰 損失이 없이 自他의 力量이 抗戰으로 集中하거니와, 萬一 우리 같은 거지로서 光復戰爭을 隣邦 어느 一國에 도움을 처음부터 끗까지 받는다면, 우리 같은 놈을 第三者가 競爭的으로 도울 理도 없을 거시고, 따라서 처음부터 獨擔으로 도아주는 그 主人의 所有物될 것은 必然의 事實임니다. 간난한 者가 도움을 못 엇더 애를 쓰지만은 도움을 주는 者의게 奴隷될 것을 근심하는 者는 쉽게 볼 수 없음니다. 그럼으로 우리 光軍의 基礎를 우리 힘으로 建築한 後엔 어느 友邦이고 援助를 請하여 엇는다 하여도 自尊性을 保全하여 가며, 自主獨立의 實物을 産生할 수 있는 原理를 굳게 把持하고 牙關을 緊着하고 늘 우선 半年만 끄을고 나가며, 現在에 모여드는 雜

色軍은 不算하고 純全한 基幹部隊로 極少 千名은 募集 訓練하여 노코 他人의 援助를 받을 決心으로, 至今은 美包 韓僑의 出力으로 光軍의 基礎는 確立할 것을 膽大하게 宣傳하고 나감니다. 老身 中國에 나온지 二十三年 동안 上海生活 十四年에는 밥도 더러 굴머 보앗고 郵票 살 돈이 없을 때도 經過하엿지만은, 三冬에 겹바지 저고리만 입고 것만 솜두루막이만으로 지내기 처음인데요, 돈이 없은 것 아니올시다. 昨年에 蔣夫人 十萬元까지 政府 收入이 三十萬에 近함은 臨政 産生以來 破記錄임니다. 돈을 經濟하자는 것 아니라 責任重大한 處地를 生覺하여 身體의 寒苦를 感覺할 적마다 光軍을 엊이하면 自力으로 成長식일 수 있는가? 生覺하자는 方法으로 임니다. 政府에 主席, 統帥府에 主席, 獨立党의 中執長으로 萬年大計인 光軍이 新生成長하는데, 最高 責任者인 弟의 精力이 中心이 되여 自助天助의 鐵則配合 식이자는 一尾丹誠임니다. 兄의게 忌憚없이 幾件事의 問議를 하오니 硏究回敎하옵소서. (一) 美包에서 收合한 內地 旱災救濟金을 光軍에 移用하자는 理由(本國 全體同胞는 全國糧食을 國有하여 貧富所有를 全部 得收하여 갖이고, 計口授粮함으로 굴머 죽을 수도 없고 살도 질 수 없이 全國同胞가 餓鬼地獄의 生活임으로 中國으로 물밀 듯 나오는데, 倭놈의게 그 貴한 돈을 주는 것이 뜻 없는 일) (二) 興士團에 儲蓄을 光軍에 使用할 理由(島山先生이 生存하여 現下 形勢를 본다면 弟가 말하기를 不待하고 弟의 以上으로 勇作할 터이지만 今爲에 与誰論고) 여긔 對한 兄의 高見을 듯고저 하오며 (三) 美包墨의 우리사람 中 畧干의 財産이 있는 有志를 動員하여 特種, 卽 一時 出損으로 六個月間에 可히 支撑할 만한 以上 三方面으로 그 努力을 하려면, 如何한 方法으로 하여 볼 수 있을가를 日美開戰 되기 前에 急速手段으로 此最高要關을 突破할 수 있겟는지? 年前에 臨政을 復活키 爲할 時에와 갖이 光軍

을 進展할 此時에 宜乎. 兄의 仰議하는 것입니다. 곧 回敎를 苦待하오며 更祝

兄體 爲國萬安

白凡 ●●●●

2월 16일

●은 판독 불능

제니 B. 맥클네어가 김구에게

1940.4.5 영
워싱턴 D. C.
D가 N. E. 101

중국 중경
대한민국임시정부 김구 주석께

친애하는 각하,

저는 6개월 안에 상해로 돌아올 것을 예상하고 1937년 6월 미국으로 건너갔습니다. 하지만 우리가 상해 항구를 떠난 지 며칠 후 일본이 북중국에서 전쟁을 개시했다는 슬픈 소식을 들었습니다. 물론 우리는 일본제국이 한국에서와 마찬가지로 중국에서의 전쟁도발을 오랫동안 은밀히 준비하여 왔다는 사실을 알고 있습니다. 하지만 이렇게 갑작스럽게 도발을 하리라고는 예상하지 못하였습니다. 소식을 접하고는 중국을 떠나온 것을 후회하였습니다. 왜냐하면 제 친구들과 그곳에서 고난을 함께 겪고 싶었고 제가 할 수 있는 모든 방법으로 그들을 돕고 싶었기 때문입니다. 하지만 후에 제가 미국에서 중국을 도울 수 있는 방법을 생각해내고 안심하게 되었습니다.

중국에서 활동하는 우리는 한국인의 혁명적 명분을 반드시 생각해야 합니다. 이 숭고한 명분은 수많은 귀하의 국민들이 흘린 신성한 피로 만들어졌습니다. 우리는 세계가 그곳에서 일어났던 비극적 사건을 잊지 않도록 할 것입니다. 그리고 특히 제 미국인 친구들이 이

슬픈 드라마 속에 빛났던 우리의 용기를 잊지 않도록 할 것입니다.

저는 1932년 상하이의 어두운 나날들, 그래요, 그 피비린내 나던 사건들을 결코 잊지 못합니다. 지금도 그때를 떠올리면 온몸이 떨립니다. 일제는 프랑스의 조계지로 침입하여 어떤 명분이나 권한 없이 한국 동포들을 잔인하게 살해하고 포로로 끌고 갔습니다. 안창호 선생께 닥쳤던 비극적 운명도 기억합니다. 그를 살리기 위한 우리의 노력과 그의 예기치 않은 죽음도 기억합니다. 그는 생을 마감하였지만 그의 업적은 여전히 살아있고 앞으로도 지속될 것입니다. 그가 숭고하게 희생했던 이유인 대한민국은 잔인한 일본의 압제로부터 자유를 얻기 위해 다시 일어설 것입니다.

저는 귀하의 이야기를 자주 했었고 귀하가 제게 준 아름다운 은빛 꽃병을 많은 친구들에게 보여주었습니다. 저는 제가 가진 그 어떤 것보다도 이것을 소중히 생각하여 귀하의 서명 옆에 제 이름을 새겨 넣은 것에 대해서도 영광으로 생각합니다. 저는 미래 제 한국인 친구들에게 더 많은 도움을 주는 존재가 되기를 희망합니다.

여기 워싱턴에서 저는 한 씨에 대해 알게 되었습니다. 그는 한국의 숭고한 명분을 위해 빛나는 업적을 세우고 있습니다. 여기서는 아주 저명한 인사죠. 저는 미 의회 회의록에 수록된 그의 많은 논문을 읽었습니다. 만일 귀하가 그를 잘 알고 있지 못하다면 앞으로 친분을 쌓으시기를 희망합니다. 현재의 상황에 대해 고민해 보았을 때 귀하가 한 씨와 더욱 효율적으로 공조한다면 귀하가 중국에서 조국을 위해 노력하시는 활동은 더욱 높은 성과를 얻을 수 있으리라 생각합니다.

이 암울한 시기에, 귀하가 그토록 오랫동안 바랐던 승리를 일궈내도록 주님이 항상 당신을 축복하고 당신에게 힘을 주고 격려하기를 기도합니다.

마음을 담아 안부를 전합니다.
항상 건강하십시오.

제니 B. 맥클네어

추신: 제 중국 이름은 신 치 아이(Hsin Tsi Ai)입니다.

주가화(朱家驊)가 김구(金九)에게

1940.5.18 중

김구 선생님께

며칠 전에 서가균(徐可均) 형님께서 서한을 보내어 광복군을 구성하고 정보망을 갖추는 데 대해 우리 중앙에서 지원해 주기를 바라는 부분을 알려왔습니다. 이 훌륭하고 위대한 계획을 기획한 데 대해 저는 탄복하여 마지않습니다.

저는 이 일을 총재께 말씀드렸고 총재께서는 높이 칭찬하신 외에도 이 일을 군정부 하 부장에게 맡겨 번거로움을 없애고 김 군께서 광복군을 조직할 수 있도록 하라고 전보로 알렸습니다.

얼마 전에 위원장의 전보를 받았습니다. 전보에서는 심의하는 데 마땅히 구체적인 방법을 기획하고 준비하여야 한다고 훈계하셨습니다. 그리고 서명하여 심의 비준하시고 어떻게 군대를 편성할 것인가와 금후의 활동구역에 대해 조목으로 나누어 문건에 기록하였는데 다음과 같습니다.

1. 군대의 편성단위는 김구 선생이 지금 있는 인원수에 맞춰 정하고 상급에 신청서를 내어 심사를 청한다.
2. 활동구역은 군대창립 후 그 책임자가 실제 수요에 따라 계획을 세워 군사위원회에 바쳐 심사 결정한 후 위원회에서 다시 중국 현지의 최고군사장관에게 통지하여 협조하게 하며 활동에 편리를 제공한다.

이 전보 외에도 특별히 전보를 보내어 통지하고 처리하고 답하는 등의 사유는 문서의 내용대로 처리하시기를 바란다고 하셨습니다. 이에 특별히 서한을 보내어 전달하는 바입니다.

바라건대 처리하고 답하는 일을 문서대로 처리하시어서 중간에서 교섭하는 데 편리하게 하시면 대단히 감사하겠습니다.

사업의 순리로움과 건강을 기원합니다.

제 가화 올림
1940년 5월 18일

김구(金九)가 김호(金乎)에게

1940.6.18 한

金乎 仁兄 大鑒

兄이 이번 代表大會에 큰 抱負를 가지고 出動하여 큰 成功을 獲得한데 對하야 政府同人 等은 無限히 感謝하나이다. 前述 大業에 對하야 半部 以上에 成功이라고 看做하나이다. 政府에 對한 提議案은 實施準備 中에 있읍니다. 兄等에 努力이 國際的 民族的으로 進出하는 原動力이 되야, 五月 二八日에 中國에 蔣委員長으로붙어 韓國光復軍을 韓國國軍으로 認證하는 命令이 發佈되었고, 지금은 總司令部를 中韓聯合軍에 基礎機關 部署 組織에 着手中인즉, 未久에 對外對內에 通令이 發佈되고 軍事運動을 積極 取近케 된 것이 이 萬因을 沿考하여 보면, 臨時政府를 始終 擁護하야 人力物力을 貢獻하여온 美國僑胞에 偉大한 成力으로, 臨時政府가 正式政府로 될 날이 不遠하고 國際的 承認도 此中 갓차와 온 줄 암니다. 한 가지 艱難한 것은 지금 經濟上으로 靑黃不接으로 光軍에 對해서 中國으로 應當 軍機物資와 技術人員에 應援이 있을 것만은 事實이나, 아직 準備가 完了되기 前에는 우리 自力으로 如常히 進行하는 것이 中國에서 派遣한 人員들에게도 좋은 印象을 주게 되는데서 속으로 經濟上 困難을 늣기지 아니 할 수 없읍니다. 今番 大會에 弟가 出席치 못한 것은 한 遺憾이다 할지나 將來 光復軍이 國際的 地位에서 出脚하게 되면 弟는 卽時 出發할 決心임

니다. 그런데 이번 大會에서 李博士를 單獨으로 外交 代表로 選擇
한 것과 韓吉秀를 國防奉事員으로 選定하야 民族的으로 監督指導
케 된 것이 모다 智慧스러운 工作이라고 政府同人 等은 贊賀하기
마지 안습니다. 弟는 近者 每日 石굴속에 敵機避難을 三四時間式
을 하다가, 하로는 머리 우에 爆彈이 떠러져서 附近 房屋은 全部
破毁되고 다른 隧道에서는 七八千名이 窒息되야, 죽엄이 山과 같
다는 것을 古書에 보앗는데 實上 物體을 보니 人間에 大悲劇임니
다. 屍體中에서 發見된 돈이 二百餘萬이요, 시계, 가락지 等이 可
驚할 數에 達하엿는데, 우리 사람은 한개도 死傷이 없으니 大幸이
올시다. 弟는 近日에 다시 脚氣가 復發하야 苦生하는 中에 自手로
執筆을 못하고 代書로 仰呈하오니 恕諒하심을 바라옵고 更祝
　仁兄 爲國保重

白凡 弟 拜疏

六月 十八日

김구(金九)의 개회사

(한국광복군 총사령부 성립전례식)

1940.9.17 중

내빈 여러분, 동지들

오늘은 우리 한국광복군 총사령부가 성립의식을 거행하는 날입니다. 이 천금같은 시각에 우방 각계의 여러 동지들께서 귀중한 시간을 내어 이 자리를 빛내주시니 저희들은 너무 영광스럽고 감사합니다.

우리 대한민국임시정부는 나라 회복과 주권독립 및 민족의 자유생존을 위해 왜적과 30년 동안 악전고투하였습니다. 우리는 천신만고 속에 어떤 때는 정규적인 광복군을 동원하여 대규모적 전쟁을 발동하였고 어떤 때는 부분적 광복군을 동원하여 장기적 유격전을 계속해 상당한 전과를 얻었습니다.

우리 중한 양국 민족은 예로부터 밀접한 관계를 가졌으며 지금 그 생사와 존망은 한 운명의 끈에 매달려 있습니다. 고로 현명한 지사는 시종일관 우리 한국 혁명에 많은 도움을 주었고 중국 혁명에 참가한 우리 한국 혁명동지들도 많았습니다. 그러나 늘 국제적으로 여러 가지 불합리한 조건에 견제되어 구체적 협력정신과 효과를 나타내지 못하는 것이 참으로 유감스럽게 생각되었습니다.

지금 우리의 우방 중국은 동양의 제일 큰 침략야심가를 만나 자신의 생존, 더욱이는 세계의 평화를 위해 신성한 항일전쟁을 시작했습니다. 인류의 반동분자를 제외한 전 세계의 어떠한 민족이라도 중국의 승리를 열심히 도와주지 않는 민족이 없을 것이며 더욱이 중국의 이번 항전은 우리 한국의 독립과 밀접한 연관을 가지기 때문에 우리는 전 민족의 항일역량을 동원하여 중국 전우들과 함께 분투하여 중한 양국의 원수를 갚을 것을 원합니다.

바라건대 이 병력이 우리 한민족의 광복과 생존을 도모하는 힘일 뿐만 아니라 또한 중국의 항전을 위한 한 갈래의 신예부대이기를 믿어 의심치 않습니다.

오늘 우리는 중국의 전시 수도 중경에서 한국광복군 총사령부 성립의식을 거행하게 된 것은 아주 의미심장한 일이라고 생각합니다. 이제부터 우리는 중국 경내에서 정규적 광복군을 동원해 우방의 항일대군과 나란히 어깨 걸고 싸우게 될 것입니다. 새날이 밝아 오기를 손꼽아 기다리는 동북지방의 조선 건아들과 화북 일대에 있는 백의대군을 동원할 수 있음은 물론 이로써 국내의 3천만 혁명대군을 불러일으켜 왜적의 쇠사슬을 끊어버리고 자신들의 거룩한 천직을 완수하게 할 것입니다.

우방 중국 최고원수의 인격과 위대한 식견에 우리는 늘 탄복하고 흠모해 왔습니다. 이번에는 특히 우리 한국광복군이 중국 경내에서 부대를 편성하고 훈련시키는 것을 허락하셨습니다. 하여 우리로 하여금 중국 항전시기에 연합군으로서의 일부 임무를 완수할 수 있게 하였으며 또한 우리에게 위대한 목적을 달성할 수 있게 해주었습니다. 이에 저희들은 깊은 고마움을 느낍니다. 그러기에 우리는 태만하지 말고 더욱더 노력하여 중한연합군의 사명을 완수해야 하며 우리의 위대한 사업을 하루빨리 성사시키는 것이 우리의 직책이라는 것을 잊지 말아야 합니다.

오늘 우리가 거행한 이 의식은 절대로 평소의 그런 형식적인 절차가 아니며 그 속에 내포한 의미는 중대한 것입니다. 때문에 저는 이 기회에 다시 한 번 그 엄숙성을 말씀드리는 바입니다.

중화민국 장개석(蔣介石) 위원장 각하

1940.9.17 중

중화민국 장 위원장 각하

옛적부터 중한 양국은 한집안의 정을 나누어 화와 복을 같이하였으며 현재까지 연맹을 결성하여 이어왔습니다. 명나라 때부터 공동으로 왜적을 소멸하여 그 수괴를 뒤엎고 그들의 소굴을 소탕하였습니다. 그 후 3백 년 동안 그들은 우리를 넘보지 못했습니다만 우둔한 무리들의 나머지 적들은 교만방자와 흉악함을 키워 우리 조선을 멸하고 중국을 침략하였습니다. 아, 그들은 거리낌 없이 함부로 날뛰는 극악무도한 왜적입니다. 그들은 실로 중 두 민족의 철천지원수입니다.

근래에는 또 노구교에서 사단을 일으켜 상해에까지 그 악영향을 미쳤습니다. 다행히 우방 중화민국 최고지도자께서 대노하시어 군대를 휘몰아 정벌에 앞장서는 것을 보게 되었습니다. 동쪽을 정벌하여 3년 만에 1백만여 명의 적을 섬멸하시고 시간이 길어지년 길어질수록, 싸우면 싸울수록 강인해졌습니다. 진실로 한 분의 수령 덕분에 여러 지방이 평안을 바랄 수 있었습니다.

이는 모든 한국 사람들이 애타게 바라고 있는 바이니 동북지역과 패수(浿水), 옥저(沃沮) 일대에서 훌륭한 용사들과 장군들이 분분히 떨쳐 일어나 나라를 위해 목숨을 바쳐 충정을 다하겠다고 맹세하였습니다. 마침 이때 장군님께서 대의로써 결단을 내려 한국광복군이 중국 경내에서 자유롭게 적을 무찌르는 것을 허락하셨습니다.

중국에 남아있는 여러 유파들의 한국 군대는 이제부터 한 기치를 높이 추켜들고 조국의 독립뿐만 아니라 우방의 해방을 위해 싸울 수 있게 되었습니다. 동아시아 평화를 개척하고 인류의 행복을 이룩하는 것이 바로 우리들의 소원인데 어찌 마다하겠습니까!

한국광복군 총사령부의 성립의식에 즈음하여 삼가 2,500만 한국 동포를 대표하여 중국의 항일전쟁과 나라건설이 반드시 성공하길 기원하며 숭고한 혁명의 경례를 드립니다.

대한민국 22년 9월 17일
한국광복군 총사령부 성립전례위원회

김구(金九)가 류선(騮仙) 주가화(朱家驊)에게
(한국광복군 총사령부 직원명단)

1940.9.19 중

류선 부장님께

　드린 편지는 이미 보았을 것이라고 생각합니다. 선생께서 염려해 주신 덕분에 한국광복군 총사령부 성립전례식은 이미 17일 순조롭게 진행되었습니다. 다만 그 후에 훈련과 편제 등 사항을 검토하여 지시하시기를 기다리고 있으며 지시하시면 좋아서 행하겠습니다.

　이를 만나서 말씀드리려고 신임 광복군 총사령 이청천 동지와 함께 근래에 찾아가 뵙기로 했습니다. 교훈과 이익의 말씀을 직접 듣고 싶습니다. 접견하실 지점과 시간을 지시하시길 간절히 기다립니다.

　광복군 총사령부 직원명단을 동봉하오니 문서의 내용대로 처리하시어 새로운 관리기관에 이송하여 등록하기를 바랍니다.

　이에 특별히 청구하며 아울러 안부를 기원합니다.

　명단은 다음에 덧붙였습니다.

제 김구 올림
9월 19일

■ 한국광복군 총사령부 직원명단

총사령　　　　이청천
참모장　　　　이범일
참모처장　　　채군선
부관처장　　　황학수
정훈처장　　　조소앙
군법처장　　　홍　진
관리처장　　　김기원
군수처장　　　차리석
군의처장　　　유진동

·부: 특무대와 지방사령
제1대 대장　　이준식
제2대 대장　　김학규
제3대 대장　　공진원
제4대 대장　　김동산

이상 4개 지대의 대원은 60명씩 모두 240명이며
제1로군 '동북'사령은 박대호이며 현재의 병력은 4,800명이다.

김구(金九)가 류선(騮仙) 주가화(朱家驊)에게

1940.12.7 중

류선 부장님께

부장님의 지시를 받고 충분히 돌보아주겠다고 허락하신 뜻을 알게 되어 기쁘기 그지없습니다. 정말 고맙습니다.

용무가 있어 만나 뵙고 좋은 가르침을 듣고자 하오니 허락해주시고 접견하실 날을 정해 주시기 바랍니다. 기다리겠습니다.

아울러 귀하의 평안을 기원합니다.

제 김구 올림
12월 7일

김구(金九)가 류선(騮仙) 주가화(朱家驊)에게

1940.12.26 중

류선 부장님께

저번에 드린 편지를 읽어 주셔서 감사합니다. 요긴한 일로 적당한 지시를 급히 기다리고 있습니다. 만남을 허락해 주십시오. 접견하실 날을 지정해주시기를 간절히 바라며 이에 조용히 기다리겠습니다.

귀하의 평안을 기원하며 회답을 기다리겠습니다.

제 김구 올림

12월 26일

김구(金九)가 중국국민당 중앙조직부장에게

(광복군 창설에 관한 설명)

1941.1 중

삼가 올립니다.

저희 당은 전 한국의 혁명역량을 동원하여 포악한 일본을 물리치고 힘을 합하여 중국과 함께 나아가 싸워 중국 항전 승리를 도모하며, 우리 한국의 독립을 실현하고자 합니다. 또한 한국 혁명과 중국 혁명이 불가분적인 밀접한 관계에 있다는 것을 깊이 알기 때문에 한국독립당을 배경으로 하여 한국광복군을 창건하여 중국 최고통수의 지도하에 일본과 싸우게 하려고 합니다. 지난해 4월에 이미 구체적 방침을 세웠고, 또 부장님께서 장 위원장님께 전달해주셔서 칭찬을 받은 바 있습니다. 그리하여 5월에 허락을 받아 중국 경내에서 한국광복군을 창설하게 되어 약소한 민족을 돕는 중앙정부의 미덕에 대해 깊이 느낀 바 있고, 여론의 지지와 동정, 그리고 국제사회의 주의를 받아 여러모로 정신적·물질적 도움을 받게 되었습니다. 금후의 방침에 대해서 다음과 같이 말씀드리오니 부장님께서 장 위원장님과 중앙유관부문에 전달해 주셔서 살펴보게 하시어서 저희 사업에 도움을 주시기 바랍니다.

1. 한국광복군의 설립방안은 지금 검토중에 있으니 정식으로 설립을 허가해 주시기 바랍니다.

2. 군사인원을 파견하여 편성사항을 의논하는 회의에 참석하도록

해 주시기 바랍니다.

3. 각지 당정군 장관에게 통지하도록 영(令)을 내리시고, 가능한 한 도움을 주시기 바랍니다.

4. 한국광복군 각급 간부들은 전부가 한국을 멸망 위기에서 구원하려고 싸우는 청년들입니다. 장래 필요한 인원들도 모두가 한국의 혁명군중들입니다. 현재 서안부근에 집중된 간부들은 이미 2백여 명이 되고, 화북 각지에 흩어져 있는 옛 부서에도 아직 2천여 명이 있는데 현재 한창 서안일대로 집결하는 중입니다. 하루속히 정식으로 광복군을 창건하고 편성하도록 허락해 주시기 바랍니다.

5. 한편으로 사업을 시작함과 동시에 계속 한국인 청년들을 흡수하여 훈련과 사업을 동시에 진행하는 것을 원칙으로 하여 하루빨리 독립군을 확충함과 아울러 동북에 남아 싸우고 있는 무장역량에 대해서도 재편성을 하려고 합니다.

6. 금후의 사업은 유격전을 발동하는 것을 기본으로 하되 서안을 근거지로 해서 점차 화북, 그리고 동북까지 밀고 나가는 것이어야 할 것입니다.

7. 한국광복군은 전 국민을 지도하여 혁명을 추진하여 왜놈을 몰아내고 나라를 새로 세우는 한국 국군기간부대의 책임을 안고 있습니다. 또한 여러 갈래의 한국인 무력을 지도하여야 하기 때문에 대내로는 대한민국임시정부의 지휘를 받아야 합니다. 지금 각 민족의 사상이 다 복잡해진 시기에 국군의 근거지를 마련하는 것은 아주 어려운 일이기 때문에 전 국민을 동원하여 적군과 싸워야 합니다. 이에 특별히 허락하시기 바랍니다. 항일과 건국이 완성되는 날은 바로 높으신 은덕을 갚는 날입니다. 이상 제시한 견해가 타당한지 모르겠습니다. 잘 검토해

보시고 의견을 제시해 주시기 바랍니다.

중국국민당 중앙조직부 부장 주(朱)
한국독립당 중앙집행위원회 위원장 김구
중화민국 30년, 대한민국 23년 1월

김구(金九)가 류선(騮仙) 주가화(朱家驊)에게

1941.1.11 중

류선 부장님께

귀 부에서 돌아온 즉시로 하귀엄(賀貴嚴) 주임을 만나 뵙고 저희들의 근황에 대한 중앙의 태도를 알아봤는데, "한인들의 당을 통일한 후 광복군을 편성한다"라는 말은 들어본 적이 없다고, 아마 헛소문일 것이라고 합니다. 사실인지 아닌지 황황하기 그지없습니다. 저희들은 천재일우의 좋은 기회를 맞게 되었고 이 일의 성사 여부는 민족의 흥망과 관계됩니다. 부장님께서 진상을 알아보시고 방향을 가르쳐 주시기 바랍니다. 나머지 사항은 만나 뵙고 가르침을 받겠습니다.

평안을 기원합니다.

제 김구 올림

1월 11일

김구(金九)가 류선(驓仙) 주가화(朱家驊)에게

1941.2.14 중

류선 부장님께

　조금 전에 각하께서 군정부에 공문서 을(乙)을 전송한 후 들은 바에 의하면 이 사건이 아직 새 관과에 남아 있어 정식으로 심사를 받고 비준되지 못했다고 합니다. 이 사건이 해명되지 않아 몹시 초조해 하는 것 같다고 하여 또 공문서 을을 드리니 심의하여 결정해 주시길 바랍니다. 유관 군사당국이 정식으로 하급이 원하는 대로 허가해 주시는 것은 두 민족의 백년대계와 관계됩니다. 그런데 근 1년 기간 동안 미결상태에 있는지라 현재 서안에 있는 한국광복군 제5지대는 모두 진(晉), 섬(陝) 두 성에 속속 집중하게 되는데 수천 한국 청년들에 대해서는 어떻게 뒤처리를 할지 염려됩니다. 각하께서 수년간 한국의 일을 여러모로 원조해주신 데 대해 감사를 표하면서 바쁜 와중에도 한국광복군이 하루빨리 정식으로 편성될 수 있도록 제창해주시길 부탁드립니다. 베풀어주신 은혜는 더 말할 나위가 없지만 저희 당국인사들은 무례를 무릅쓰고 글월을 보내는 바입니다.

김구가 F. D. 루스벨트에게

1941.2.25 영
워싱턴 D. C.
백악관

존경하는 대통령 각하

우리와 미국의 외교관계는 우리 정부와 미국 대사가 서울에서 한미수호통상조약을 체결한 1882년 5월 23일로 거슬러 올라갑니다. 하지만 불행하게도 일본이 1905년 한국과 보호조약을 강제함에 따라 수십 년간의 한미 외교관계는 중단되어야만 했습니다. 하지만 우리는 대한민국 독립을 위해 미국 정부와 미국인들이 보여준 공감과 배려에 대해 감사를 표합니다. 특히 1908년 장인환(Chang Rin Whan)에게 보여준 특별한 배려, 1911년 105인의 투옥 애국자에 대한 공감, 1919년 미국 거주 한국민들이 필라델피아의 인디펜던스 홀(Independence Hall)에서 한국독립당의 의회활동을 할 수 있도록 허가한 점, 1920년 미 상원에서 한국의 독립문제를 논의한 점, 1940년 재미 유학생들에게 보여준 특별한 배려 등 우리 민족에게 보여준 이 모든 공감과 우애에 감사를 올립니다.

미국 국민들은 정의와 자유를 사랑하고 인권을 존중하며 현대 독재의 폭행에 거부하는 각하를 통해 국가정책을 신뢰하게 되었기 때문에 각하를 미합중국의 대통령으로 세 번이나 선출하였습니다. 우리는 독재의 압제에 대항하여 민주주의를 수호하는 각하의 사명이 끝내 성취될 것이라 믿습니다. 제국주의의 폭력에 대항한 각하의 용기는 유럽과 아시아 모두에서 인류 역사에 오래도록 남을 것입니다.

　3천만 대한민국 국민의 이름으로 우리 임시정부는 이 편지를 각하에게 전달하여 한국의 독립문제에 각하의 주의를 환기시키고자 합니다. 우리는 오랫동안 중단되었던 미국 정부와의 외교관계를 다시 수립하고 각하의 지원을 통해 독립을 달성하여 근대 민주주의 국가를 수립하기를 간절히 바라고 있습니다. 우리의 독립은 동북아의 영구적 평화뿐 아니라 아시아에 대한 미국의 이익을 수호하는 데에도 도움을 줄 것입니다.

　이에 저는 각하께 임시정부에 관한 다음의 몇 가지 사실에 대해 알려드리고자 합니다.

① 대한민국임시정부는 일본의 속박에서 풀려나 정치, 경제, 교육적 평등의 기반 속에 새로운 민주주의 국가를 수립하기를 원하는 모든 한국민의 염원을 담아 1919년에 탄생하였습니다.

② 우리 한국인들은 민족적 양심과 문명 및 자기 통제라는 원칙하에 독립적 민주정부를 수립할 능력을 갖추고 있습니다.

③ 지난 30년간 일제의 점령 속에 비인간적 압제에 시달려 왔고, 중국과 러시아의 혁명으로부터 교훈을 얻은 한국민은 확고하게 일제로부터의 해방의지를 지니고 있습니다. 그 때문에 한국의 13개 도의 대표들이 모여 임시정부를 수립하였으며 우리의 독립운동도 현재까지 지속되고 있는 것입니다.

④ 한국독립당은 모든 민족혁명 요소들을 집결하고 임시정부를 지원하는 정당입니다.

⑤ 임시정부는 한국광복군을 조직하였으며 현재 용감한 중국군과 연합하여 일제에 대항하여 싸우고 있습니다.

앞의 사실에 근거하여 임시정부는 각하의 연방정부가 다음 사항을 수행해 줄 것을 간절히 요청합니다.

① 미국과의 역사적 관계와 각하가 대한민국에 가진 깊은 이해관계를 고려하여 미합중국 정부가 우리 임시정부를 승인하도록 요청합니다.
② 일본의 폭력에 대항하여 우리의 힘을 강화하는 데에 필요한 외교·군사·경제적 지원을 요청합니다.
③ 미국 정부가 중경의 미국 외교관들에게 우리의 독립전쟁을 더욱 효과적으로 돕기 위한 기술적 협력·경제적 원조와 무기지원을 부여하도록 청하시기를 바랍니다.
④ 현재 진행중인 세계대전이 종결되면 평화회담에서 미국 정부가 한국의 독립문제를 논의하고, 우리 대표단이 모든 논의에 참여할 수 있도록 보장하여 주시기 바랍니다.
⑤ 만일 새로운 국제기구가 세계대전 종결 이후 수립된다면 그 국제기구에도 참여하도록 해 주십시오.

우리가 각하께 제시한 제안은 일제의 폭력을 중단하는 데에도 도움이 될 뿐 아니라 미국의 극동 아시아 정책과도 일치할 것입니다. 미국이 프랑스와 스페인, 네덜란드의 도움을 통해 독립을 이룩하고 그 국가들의 승인을 먼저 받았듯이, 우리도 각하의 정부가 우리 독립을 촉진시키기 위한 앞의 다섯 가지 제안을 승인할 것을 진심으로 희망합니다.

각하의 도움은 극동에서 자행되었던 무자비한 일본의 폭력을 종결시키며, 폭력적 독재에 대해 민주주의가 승리를 거두며, 인류역사상 가장 새로운 영광의 기록을 남길 수 있도록 하리라 확신합니

다. 그리하여 국제정의를 세우고 모든 인류를 위한 자유의 축복을
보장할 수 있으리라 믿습니다.
　건강하십시오.

대한민국임시정부 주석

김 구

김구(金九)가 류선(騮仙) 주가화(朱家驊)에게

1941.3.3 중

류선 부장님께

전일 보낸 편지와 첨부한 글은 이미 보셨으리라 생각되오나 아직 답장을 받지 못하여 초조함을 견딜 수 없습니다. 이에 더욱 간곡히 부탁드리는 바이니 귀하께서 앞길을 제시하시어 하루 속히 편성사업이 이루어지도록 해 주시기 바랍니다. 나머지 사항은 빠른 시일 내에 찾아뵙고 가르침을 받으려 합니다.

무훈과 평안을 기원합니다.

제 김구 올림
3월 3일

김구(金九)가 김병환(金秉煥)에게

1941.3.20 한

秉煥兄 大覽

今에 하와이 국민회와 동지회 公函을 본즉, 貴會 代表가 하와이로 와서 三團體 會議를 擧行하게 되여스니 臨時政府와 한국독립당으로서 代表를 派送하야 參席하여 달라는 要求가 있음. 党, 政, 軍에 各種 事務가 奔忙하야 人才難을 極度로 感하는 此時에 또한 前方軍費 不足으로 電報가 一日 數次되는 財情에 美洲 가는 航費을 갖어스면 預先 軍費로 所用할 形便이니, 以上 두 가지 原因으로 代表派送은 不可能일 듯 합니다. 그러나 代表參席이 없다 하여도 根本 三方會議는 圖滿한 效果가 있으리라고 信念이 많음니다. 貴會에서 考慮하는 外交宣傳에 代表問題는 現下時勢에 빛이워 보면 그다지 念慮가 안 될 듯합니다. 한 사람을 맡겨도 專橫●石●한 것은 原動力이 臨政과 光軍에 있은즉, 前日에 歐美委員部時代와는 判異할 것이오며, 여러 사람에게 맞거도 爭功을 할지언정 爭權은 못할 것이니 李博士을 團長으로 하고 二三人 補助를 하게 되면 適當할 듯합니다. 하물며 美布에 各團體가 一致한 主張으로 臨政 光軍을 絕對擁護하는 그 背景은 가진 代表들이 敢히 딴 생각을 할 理가 없는 듯합니다.

其間 光復軍에 進展은 加速度로 漸漸 基礎가 서게 됩니다. 몇일 後에 光復軍에 對한 盛大한 祝賀를 擧行할 事件이 發生될 터이니, 通知하시는 대로 祝賀式을 盛大히 擧行하기 바람니다. 그 事

件은 다른 것이 아니고, 昨年 九月 十七日 光軍成立典禮式은 蔣介石 將軍 個人으로 金九에게 准許한 것이고, 이번은 蔣介石 將軍과 中國 文武官員이 通合하야 光復軍을 韓國의 國軍으로 認証하고, 擧國一致로 光復軍을 後援하야 中韓聯合軍 基礎成立을 開始하는 것임니다. 이로 쫓아 우리는 國際的 地位를 가지게 되는 큰 喜事임니다. 義勇隊後援會에서 臨政에 公函을 致하고 몇 가지 提議을 한 中 大略하면, 後援金도 團體도 一視同仁하라는 것과 臨時政府을 改造하고 各黨派에 首領을 網羅하야, ●● 韓吉秀를 外交代表로 任命하면 效果가 多大하겟다는 等인데, 政府로서 公式答函은 拒絶하고 弟 個人으로 幾句에 答筆을 送致한 內答이 如下함니다. 한길수와 合作하는 個人이나 團體에게 臨政은 公式文字를 忌避함니다. 그 理由는 한길수가 義國 議員團에게 韓國에 獨立運動은 武力을 쓰지 않고 精神으로 하며, 將來는 獨立請願團을 組織하야 가지고 東京까지 갈 作定이라, 또는 韓美條約 復活을 또는 알라스까에 遠東에 萬名 韓人을 移民한다는 等等, 狂悖한 言動으로 國家와 民族에 容納치 못할 罪過를 犯한 者와 合作을 하는 까닭으로이다. 韓이 謝罪書를 發하지 않으면 政府에서 畢竟에는 聲討하겟고, 所謂 民衆同盟團과 後援會는 解散할 外에 他道가 無하니 韓을 사랑하거든 認罪通告케 하야 人才로 使用케 함이 可하다는 意思로 回答하엿음니다. 그러니 申斗混輩에 그 動向을 深察하여 보소서. 光復軍의 基礎가 鞏固하여 갈사록 義勇隊는 西山落日에 形勢임니다. 今日에 梅神父가 貴地로 向하기도 前日 失敗인 洪焉 兄에 玉물뿌리 한개 光復軍 사진 一枚를 附送하오니, 梅씨가 到着하거든 盛大히 歡迎하여 주시기 바람니다. 그이는 우리에게 絶對同情하는 親구요, 蔣介石 將軍에 宣傳使命을 밧고 出洋하는 터이니 그리 아시고 宣傳工作을 允許하기 바라나이다. 光軍에 經

用이 漸漸 浩大하야 支持하기 困難하니 收入되는 金額을 卽速繼
送하소서. 아직 이만 更祝
　兄安

白凡 弟 拜疏
三月 二十日

●은 판독 불능

김구(金九)가 류선(騮仙) 주가화(朱家驊)에게

1941.3.21 중

류선 부장님께

　류선 부장님께서 3월 6일과 20일 두 번에 걸쳐 보내주신 편지는 잘 받아보았습니다.　한국광복군은 부장님이 시종 배려해주신 덕분에 설립될 수 있었으니 그 의로운 행동은 비단 3천만 한국인을 감격해 마지않게 할 뿐만 아니라 이후 동아시아 민족의 흥망사에 영원히 영예로운 기록으로 남을 것입니다.　두 민족에게 기쁨과 행운을 가져다주기 위해 계획서를 편성하여 이 사령관에게 명하여 기초한 후 상급에 심사를 청하여 실시하게 했으니 도와주시기 바랍니다.　나머지 이야기는 만나서 하기로 합시다.

　평안을 빕니다.

제 김구 올림
3월 21일

김구(金九)가 류선(騮仙) 주가화(朱家驊)에게

1941.4.28 중

　조금 전에 하귀엄 주임님의 편지를 받았는데 내용은 다음과 같습니다. 정식으로 한국광복군을 편성하는 문제에 관해서 군사위원회 사무실 후 처장님께서 편지로 말씀하시기를, 한국광복군에 관한 문제는 제가 보고한 군 총부 임시편제와 매달경비 예산 등 서류를 근거로 실제 수요에 따라 편제를 다시 제정하고 함께 심사하도록 하고, 이달 17일에 제2차 연합회의를 진행할 때 제출하여 결의하도록 한다고 합니다. 이 부대에 파견할 사람은 회의에서 결정하여 아홉 명을 파견하려 하는데, 만약 저번에 의사 결정한 편제에 대해 이의가 없다면, 하 총장님의 지시를 받은 후에 장 위원장께 올려 보내 심사를 받으려고 한다고 합니다.

　현재 형세가 날로 급박해지고 적을 물리치는 대계는 조금이라도 늦춰서는 안 됩니다. 하 총장님께서도 이미 중경으로 돌아오셨으니 부장님께서 하 총장님을 독촉하시어 하루빨리 비준을 받을 수 있도록 해 주시기 바랍니다. 또 이 편지를 장 위원장께 전해주시어 하루빨리 비준을 받고 실시할 수 있도록 도와주시기 바랍니다.

　평안을 기원합니다.

제 김구 올림

4월 28일

김구(金九)가 류선(騮仙) 주가화(朱家驊)에게

1941.5.4 중

류선 부장님께

　저희 조직에 소속된 남녀가족 123명이 물, 토지, 기후의 차이로 말라리아, 이질, 피부병 등 질병에 걸려 환자들이 지난 몇 년 동안 줄곧 각종 비싼 약품을 복용했습니다. 태평양전쟁이 일어난 후 약값이 올랐을 뿐만 아니라, 각 약방의 약품이 모자라 많은 가족들이 복용할 약이 없어 우려 끝에, 중국 위생소에 의뢰하여 약품을 사려고 합니다. 약품명단을 편지와 함께 보내오니 부장님께서 위생소로 전하면서 우대조례를 허락하게끔 부탁해주시기 바랍니다(약품명단과 함께).

제 김구 올림
5월 4일

김구(金九)가 류선(騮仙) 주가화(朱家驊)에게

1941.5.9 중

류선 부장님께

　류선 부장님, 크고 작은 일에 다망하시겠지만 또 폐를 끼치려고
합니다. 저희 광복군 총부에 소속된 인원 중에 중앙군관학교 본부
분교의 역대 졸업생 명단을 보내니 참고하시길 바랍니다.

제 김구 올림

5월 9일

김구(金九)가 류선(騮仙) 주가화(朱家驊)에게

1941.5.26 중

류선 부장님께

한국광복군을 편성하는 일을 아직 상급에서 공식적으로 비준하지 않아 매우 조급합니다. 적의 세력이 난폭한 지금이야말로 저희들이 민족정신을 발휘할 좋은 기회입니다. 인원의 많고 적음과 역량의 강약은 상관없으니 저의 충정을 헤아려 보시고 하루빨리 실현될 수 있도록 도와주시기 바랍니다.

또 듣자니 이번에 군사위원회 사무실에서 추가로 설치한 동방 다민족의 혁명사업을 원조하는 회의는 중앙조사통계국에서 관리한다고 하는데, 부장님 쪽 부서에서 인원을 파견하여 칙임지게 하는지 알려주시기 바랍니다. 무례한 데가 있었다면 널리 양해해 주시기 바랍니다.

평안을 기원합니다.

제 김구 올림
5월 26일

김구(金九)가 김병환(金秉煥)에게

1941.6.4 한

金秉煥 仁兄 大鑑 오래동안 이곳 事情을 奉達치 못하와 大端히 未安하옵니다. 其間 獨立党에 代表大會를 하와이 代表大會와 同時에 擧行하고, 臨時政府 國務會議와 光復軍에 統帥部會議를 敵機空襲을 避하야 가면서 月餘을 繼續開會하야, 이제야 겨우 맞우고 붓을 들기 始作하엿읍니다. 하와이 代表大會에서 決議한 모든 案件은 所料 밖게 圓滿히 重大案件을 討議結束된 報告書를 昨日에야 받아보고, 今日에 國務會議를 열고 報告에 依支하야 節次를 行하는 中임니다. 이것은 우리 同胞가 美洲에서 獨立運動하는 歷史上에 新光彩를 表現하는 것으로 보아 政府同人 等은 함께 慶賀하나이다. 이번 會議에 여러분들이 李博士를 完全한 일군에 地位에 登壇식힘은 매우 知慧스러운 일이고, 革命的 道德에 高尙한 發動으로 足히 建國男兒들의 偉大한 貢獻으로 아니 볼 수 없읍니다. 至於 韓吉秀하여는 根本 出脚時에 代外表示한 狂悖한 語議를 본 者弟는 그 爲人에게 安心되지 안으나, 여러 同志들이 잘 監視하고 指導할 줄 믿기 때문에 많은 근심은 하지 안슴니다. 特히 告急할 말슴은 光復軍과 政府에 經營이 告聲되야 威信上에 큰 關係가 되오니, 무슨 金錢이나 急速히 보내주서야 되겟음니다. 光復軍은 中國에서 蔣委員長으로 붙어 간달 二十八日 韓國에 國軍으로 中國 境內에서 武裝活動을 許하다는 旨를 自己 軍政機關에 命令하야

"

中政部로붙어 各戰區司令將官에게 通令을 起草中이고, 技術人員을 光復軍에 보내여 總司令 命令下에 一致軍務를 協助케 되였음니다. 그런즉 우리는 人力物力이 極히 貧弱한 中에 더욱 人材缺乏으로 爲先 總司令部 組織에 百餘名에 相當 資格者를 엇기에도 極히 困難함니다. 그럼으로 司令部 組織이 第一步, 軍隊 組織이 第二步인데, 軍隊 組織은 各戰線에 徵募分隊 出動하엿고, 西安에서 方今 訓練中에 잇는 特別訓練班의 畢業이 不遠에 在하오니, 도로히 軍隊組織은 漸次 擴充할 터인즉 큰 問題가 없음니다. 彼此로 義勇隊도 中國 政治部와 交涉하야 統一戰線으로 收編할 計劃임니다. 光復軍된 것을 알고 部分部分이 떠러저 오지만은 中國機關에 屬하기 때문에 아즉 許可치 못하고 있음니다. 아직은 이만 惟祝
　萬機大安

白凡 弟 拜疏
六月 四日

김구가 프랭클린 D. 루스벨트에게

1941.6.6 영
The Korean Commissioner
Washington D.C.

1941년 6월 6일
대한민국임시정부 수립 23년
중국, 중경

워싱턴 D. C.
미합중국 대통령
프랭클린 D. 루스벨트 각하께

각하,

저는 1882년에 시작되었던 한미 외교관계가 1905년 강제적으로 중단되었지만, 두 나라 국민 사이에 존재하는 친밀감과 우정과 선의는 결코 사라진 적이 없다는 사실을 각하에게 상기시키게 됨을 영광으로 생각합니다. 이제 극동의 변화된 상황으로 상호호혜를 위한 우호관계를 복구할 수 있으리라 확신합니다.

중국 중경에 임시로 설립된 대한민국임시정부는 두 나라의 우호관계가 다시 열리기를 희망하며 이 소망에 미국 정부와 미국 국민들이 응답을 주기를 바랍니다.

최근 대한민국임시정부의 각료회의를 통해 워싱턴의 주미외교위원회 위원장인 이승만 박사가 정부의 공식 대표로 선출되었습니다.
이로써 이승만 박사는 미국 정부와의 모든 외교적 협상에 자신의 재
량으로 행사할 수 있는 모든 전권과 권위를 부여받게 되었습니다.

대한민국임시정부의 주석인 저의 권위에 의해, 저는 각하께 외국
의 점령하에 시달리는 2천 3백만 한국 동포를 대표하여 이승만 박
사와 그의 제안을 받아주시기를 요청합니다.

저는 이 기회를 통해 제가 존경하는 각하와 위대한 미국에게 제
간곡한 희망을 상기시켜 주고 싶습니다.

각하를 존경하는
대한민국임시정부 주석
김 구 (서명)

김구(金九)가 류선(駵仙) 주가화(朱家驊)에게

1941.6.9 중

류선 부장님께

도움을 주셔서 감사합니다. 한국광복군에 관한 문제는 부장님의 도움을 받아서 일단락 매듭짓게 되었습니다. 다만 이 일이 미묘한 문제로 1년 넘게 지체되고 있는데 아무쪼록 자주 재촉하시어 하루 빨리 해결할 수 있게 해 주셨으면 고맙겠습니다. 나머지 사항은 만나 뵙고 말씀드리겠습니다.

평안을 기원합니다.

제 김구 올림
6월 9일

김구(金九)가 류선(騮仙) 주가화(朱家驊)에게

1941.6.13 중

류선 부장님께

　자주 찾아 주시고 높은 가르침을 주시어 고맙습니다. 광복군에 관한 문제는 아직 소식이 없어서 조급하기 그지없습니다. 이에 부장님께서 주관 장관을 독촉하시어 속히 실시하도록 해 주시기 바랍니다. 먼저 해결해야 할 문제는 당지 군사장관에게 통령을 내려 한국광복군의 활동에 대하여 협조와 보호를 해 주시기 바랍니다. 왜냐하면 지난겨울 군사위원회부로터 각지 군사장관에게 통첩을 내어 엄밀히 한국광복군의 활동을 단속하라고 했기 때문에 여러 가지 장애가 생기고 있습니다. 나머지 문제는 만나 뵙고 말씀드리겠습니다.

　평안을 기원합니다.

제 김구 올림
6월 13일

김구(金九)가 박신애(朴信愛)에게

1941.7.25 한

　　박신애 누이 보시오. 그간에 편지를 하랴고 하엿지만 년전에 알
튼 각기가 발작이 되여서 고생을 하고, 둘제로는 중경에 공습이 심
하여서 방공동으로 피란하러 다니고, 또는 더위가 백여 도까지 더
워서 잇때까지 집필을 못하엿소. 그간 집안 식구들은 다 무고하신
지요. 성경에 이르는 말과 갓치 이세상은 끝날이 도달한 것 갓소.
사람의 죽엄이 산갓치 쌘다는 글은 봣지만, 지난 류월 오일에 중경
에서 큰 불행사건인 수도에서 숨이 맷켜 죽은 시체 수천명의 송장뎅
이를 나는 친히 봣소, 그때에 우리 동포들도 각각 나노아 몃곤대 방
공동의 피란을 햇지만, 한사람도 상한 사람이 없으니 만행이라 하
겟소. 이제 미국이 참전하는 날이면 세계대전장이 이러나는 날인
데, 세계락원에서 살던 하와이 동포들도 필경은 우리와 갓치 방공
동 생활을 하시리라 생각하오. 한가지 부탁할 것은 공습피란 하라
는 명령이 날 때에는 멍링대로 남녀노소를 무론하고 꼭 하기를 바라
오. 전 집안 평안하시기를 바라오. 이만 끝

오라비 金九

七月 二十五日

再: 다시 한 가지 더 부탁할 것은 그곳 동포들이 우리 정부나 광복
　　군이나 오라비 개인에게 다 무슨 비평이나 누이가 듯고, 아는

것은 지체 말고 편지로 알게 하여 주시오. 잘하는 것은 더 잘하
도록 못한다는 비평은 잘하도록 힘쓸 터이오. 그곳에서는 아즉
도 리 박사를 외교代表로 선정한 것이 잘못 되엿다는 편지들이
오는 것이 있으나, 정부에서는 이번에 대표들의 결정한 것 극
력 찬동하고, 지금 리 박사와 정부 사이에는 전보와 비행신이
번개갗이 래왕하는 중에 리 박사도 정부에 극단 정성을 다 쓰
는 터이고, 정부에서도 리 박사를 극히 신임하는 터인즉 멀지
안어 조흔 성적을 어들이라 믿으니 누이부터 이갗이 밋고 지내
며,

김구(金九)가 김호(金乎)에게

1941.8.28 한

金乎 仁兄 秘鑑

這間 此地에 敵機轟炸이 極甚한 것은 新聞線上으로도 아섯을 듯하오나, 東西戰場에서 空襲時間으로는 十四時를 繼續한 것은 아즉 첫 記錄으로 생각됩니다. 弟는 右脇에 彈丸이 棲在한 關係로 右脚이 不健한 것을 가지고, 새벽 一時半에 防空洞에 들어가 下午 三時半에야 解歸하엿고, 連日 七八時式을 不眠不食으로 苦生을 하는 中에 脚氣가 大發하여 危境을 當하고, 鄕下에 移轉治療를 하다가 昨日에야 入城하여 비로소 執管하엿음니다. 우리 局面에 幾個難關이 있는 것을 美包 議, 執 兩部에도 如實히 告知키 難한 點에서 爲先 我兄의게 仰告하여, 慫容히 洪焉 等 幾位 同志들만 아시고 指敎하여 주실 수 있는 대로 努力을 다하여 硏究指示를 仰望하나이다. 海外 獨立運動 단체 十五個가 聯合으로 統合으로 民族運動단체는 十三個가 臨時臨府 旗幟下에 團結되여, 光復軍으로 人力物力 集中하는 것을 中國 蔣委長부터 認明하고 積極 推進되는 것을 본 의용대는 太陽下 殘燈의 勢를 覺知하고, 정수分子인 靑年軍官 百數名 平素所信의 依하여 突然히 공산군인 팔노군으로 가버렷은 즉, 해방투쟁동맹(明공) 民族革命당(암공) 以上 兩단체 所屬 靑年 軍官이 다 가고 만즉 그들 간부들은 큰 공황이 생겻음니다. 중국 정부에서 공당을 크게 끄리는데 부하를 공산당으로 보낸 것 한 가지는, 금일까지 의용대가 있는데 광복군을 허락함은 조선

민족을 分裂식힌 責任을 지라고 떠들든 김약산 등은 異想天開의
妙計를 思出하여 大宣傳 大交亂을 開始中이니, ㈠美包 韓族大
會에서 臨政에 無條件 服從하고 實力을 光軍에 濮하라 하엿은즉,
우리는 무조건 하고 臨政으로 들어가자! 光軍 韓獨으로 쓸어 들어
가고 萬般을 合法的 卽 小數를 多數票決노 解決함을 上策인데,
白凡만은 擁戴必要가 있으나 其外 간부들 探情하고 實權行使만 하
자는 것이 그들의 妙策입니다. 萬一 臨政이나 韓獨에서 容納을 안
으면 그 責任을 돌니여 美洲韓僑의 獨立會을 推納케 하고, 中側에
도 統一拒絶한다는 口實을 가지고 宣傳하겟으나 그것은 別 效力이
없을 터이나, 民族的 醜態는 在所不免임니다. 그들의게 對하야 弟
는 如下한 態度를 爲先 表示합니다. 그대들의 無條件이 卽 大條件
인 것을 잘 알겟다. 그대 네들이 그 妙計를 實行하려거든 오래 부
릴 年富力强한 領導者 一人을 選出하여라. 如我風前殘燭같은 物
件은 老輩打倒에 같이 乞退하겟다. 우리 制度가 責任內閣은 아니
나 君等과 갖이 昨仇讐而今好友인 唯物論的 交友가 아니고, 三四
十年에 同死生 同甘苦한 志友들이다. 運動社會에 功이 있고 罪를
發見치 못한 時 公同進退가 於我可取할 正路이다. 彼等은 異口同
聲으로 先生은 一党派의 領袖가 되지 말고 全民族의 領首라나 무
엇이 되여야 된다고 飛機를 태움니다. 這間 空襲 때문에 蔣 선생과
會見相約을 二次나 成行치 못하엿으나 不遠間 日時를 更定하고
光軍事를 즉접 담판하겟음니다. 光軍 最高峯을 넘고 臨政의 國際
承認問題를 提起하는 此時에 金錢困窮이 더옥 말이 못됨니다. 現
下 光軍軍費도 四萬元外 宣傳, 交際 等 費가 不足합니다. 來夕은
英美記者들이 우리 臨政 情形을 願知함으로 中國 新聞記者들까지
招待합니다. 茶會라도 機千元 消費됨니다. 政府라는 機關으로 單
單하여도 體面에 有關임니다. 來日이라도 光軍이 完全行公되면

援助도 따라서 좀 식은 오겟지요. 무조건 통일하자는 者의게 주의
가 달나서 갓든 너이들과 政治 統一은 그만 두고, 軍事統一노 國
軍인 光軍의 단체性을 떠나서 個人으로 宣誓하고 들어오나라. 才
務대로 取用하겟다 하겟는데, 그것은 그들의 所要가 안일 것임니
다. 아즉 이만 쓰며 指敎주시기 바라며 更祝

兄體 爲國萬安
白凡拜跋
國恥前日 八. 二八

김구(金九)가 류선(騮先) 주가화(朱家驊)에게

1941.9.18 중

류선(騮先) 부장님께

귀하께서 서북 시찰을 마치고 돌아왔지만 저는 병 때문에 만나서 위로의 말씀을 드리지 못해서 죄송하기 그지없습니다. 한국광복군의 일에 있어 최후 수단은 장 위원장님을 기쁘게 만나 뵙고 곡절을 말씀드리는 것이라고 생각합니다. 하지만 여러 가지 원인으로 이 일이 뜻대로 되지 못하였고, 애석하게도 이 일이 지체되다 보니 관리부문에서 증명이 불확실하다는 것을 알았기에 더 해결하기 어렵게 되었는데 이는 참으로 어려운 점입니다. 귀하께서 수년 동안 저에게 준 원조에 대해서는 더 말할 바가 없습니다. 이 일이 성공하지 못한 것은 제가 불민한 탓이므로 죄송하기 그지없습니다만, 형세가 날로 급박해지고 있기 때문에 준비할 여유가 없습니다. 이제 더 지체돼서는 안될 것입니다. 부장님께서 더욱 힘을 써 주선하여 주셔서 빨리 장 위원장님을 뵐 수 있도록 해 주시기 바랍니다. 불경스러운 데가 있었다면 널리 이해해 주시기 바랍니다.

평안을 기원합니다.

제 김구 올림
9월 18일

김구(金九)가 류선(騮仙) 주가화(朱家驊)에게

1941.11.18 중

류선 부장님께

전에 만나 뵙고 말씀을 듣고 느끼게 된 것은 한국광복군은 내외 애국동지들의 독촉과 급히 해결하려는 심정으로 더는 미룰 수 없다는 현실에 부응해야 한다는 사실입니다. (그 외에 불편을 가져다주겠지만) 문서를 보내드리겠으니 굽어살피시어 부디 끝까지 도와주시길 바랍니다. 장 총재께서 광복군사업의 실시를 허가하신다면 그 깊은 은혜에 저희 당 조직 동인들이 그 공훈을 칭송할 것입니다. 좋은 소식 기다리겠습니다.

제 김구 올림
11월 18일

■ 절략(節略)

한국광복군은 작년에 그 성립을 허락 받은 뒤로 선전, 징모, 훈련 등 사업에 박차를 가하여 올해에 이르러 이미 상당한 성과를 거두었습니다. 한국 국내외 민중들이 중국이 한국인을 원조하여 광복군을 설립하여 항전에 참가하게 해 주었다는 소식을 접한 후, 적후에 산재해 있던 지식인들과 적군에 편입되었던 한국 사병들은 자동으로 아군에 넘어와 그 인원이 날로 증가하고 있습니다. 서안 제 4전간단(戰幹團)에서 훈련을 받고 있는 인원들과 적후에서 사업하고 있는 인원 총 3백여 명을 제외하고, 최근에 또 적후의 산서성과 수원성[1]에서 돌아온 한국 청년 5백여 명이 군대에 편입하여 훈련을 받으려고 기다리고 있습니다. 식사 등 모든 비용은 한국인 스스로 지탱하고 있으나 오래 버티기 힘들 것 같고 겨울에 필요한 겨울옷이나 침구 등은 더구나 해결할 방법이 없어 참으로 어려운 상황입니다. 더욱이 하북지역은 날씨가 어려워 그 어려움을 말로 표현하기 어렵습니다. 적을 무찌르려고 기다리고 있는 열혈 청년들을 그대로 내버려두고 도와주지 않으면, 그 사기를 돋우어 주고 더욱 많은 사람들을 이리로 오게 하는 데 이로움이 없을 줄로 압니다. 그리하여 감히 청하는 바이니, 항전장령들을 위로하는 선례에 따라 20만 원을 발급해 주시어 계속 지탱해나갈 수 있도록 해 주시고 항전에 이롭게 해 주신다면 더없이 고맙게 생각하겠습니다.

---

1) 綏遠省. 현 중국 내몽골 자치구 경내 지역.

김구(金九)가 류선(騮先) 주가화(朱家驊)에게

1941.12.6 중

류선 부장님께

　일전에 복정일 동지한테서 의장님께서 저희 내부의 분쟁에 대해 몹시 관심을 가지고 계신다는 말을 전해 듣고 감사한 마음과 부끄러운 마음을 금할 길이 없었습니다. 저희는 조선정부가 집권 500년 만에 당파싸움으로 인하여 망국한 가슴 아픈 교훈을 기억하고 있으며 그 전철을 밟지 않으려고 아침저녁으로 경계하고 있습니다. 황차 현재는 나라가 생사존망의 위기에 처해 있어 물질과 인재 두 가지가 다 부족한 때라 조금이라도 재능이나 충절을 가지고 있는 자라면 모두 받아들여 정국을 유지하는 데 이바지하게 하려고 합니다.

　그러나 그들은 시종 법을 위반하고 규칙을 교란하며 현 상태를 깨뜨리는 것을 유일한 목표로 삼고 있으며 여러 번 권고했으나 조금도 변화가 없으니 그야말로 통절하기 그지없습니다. 그들이 만약 불현듯 잘못을 뉘우치고 깨달아 반동행위를 멈춘다면 지난 일은 따지지 않고 받아들일 것입니다. 본인은 아무런 재주도 없으면서 중임을 맡고 있는데 어찌 사심을 버리지 않고 대세를 그르치게 할 수가 있겠습니까?

　의장님께서는 저희들에게 열정에 넘치는 도움을 주셨으니 그야말로 은혜와 의리를 다하셨다고 말할 수 있습니다. 이렇게 또 사소한 일로 신경 쓰시게 하여서 송구하기 그지없습니다. 하루빨리 찾아가 뵙고 말씀을 드리도록 하겠습니다.

　무훈과 건강을 빕니다.

제 김구 올림
12월 6일

김구(金九)가 류선(騮仙) 주가화(朱家驊)에게

1941.12.7 중

류선 부장님께

얼마 전에 지시를 받고 몹시 기뻐하고 있었습니다. 많은 관심을 가져 주셔서 대단히 감사합니다. 지금 급한 일이 있어서 폐를 끼치려고 하니 부장님을 만나 뵙고 의견을 들었으면 합니다. 구체적 사항은 만나서 말씀드리려고 합니다.

삼가 드립니다.

제 김구 올림

12월 7일

김구(金九)가 류선(騮仙) 주가화(朱家驊)에게

1941.12.11 중

류선 부장님께

저는 최근 한국광복군 총사령부 참모장으로 군령부에서 이진강
(李振剛)과 동모(董某) 두 사람을 추천하여 파견한다고 들었습니
다. 한국광복군 참모장은 연합작전 중의 가장 중요한 직위로서 만
약 그들이 작전시에 당지의 풍속에 대해 잘 모른다면 큰 곤란을 겪
게 될 것입니다. 이진강 군의 경력을 볼 때 그는 요녕성(遼宁省) 사
람이고 현재 중앙훈련단의 소장(少將)직을 맡고 있습니다. 그는 한
국의 정세에 대해 매우 익숙합니다. 금후 이 부대가 동북을 경과하
여 한국 땅에 들어갈 때에 그가 그곳의 풍토와 인정을 잘 알고 있으
므로 큰 편리를 도모할 수 있을 것입니다. 이에 유관부문에서 속히
유(劉) 차장을 파견하여 이진강 동지를 한국광복군 참모장으로 임
명하신다면 이 일이 순조롭게 발전할 것입니다. 이 일이 아주 중요
하기에 특별히 관심을 가져주시기를 바랍니다. 삼가 드립니다.

제 김구 올림
12월 11일

김구(金九)가 류선(騮仙) 주가화(朱家驊)에게

1941.12.13 중

류선 부장님께

　부장님의 정확한 의견을 듣기 위해 편지를 쓰려고 했지만 요즘 바삐 돌아치다 보니 오늘에야 이렇게 편지를 씁니다. 광복군 사령부가 서안으로 옮긴 후 이미 이전에 34집단군에서 훈련을 받았던 한국청년공작대(韓國靑年工作隊)의 50여 명 군사들로 군대를 편성하고 무기를 준다면 즉시 유격전을 벌일 수 있습니다. 뿐만 아니라 진(晉), 예(豫) 등 성에서 모집한 한국 청년 수백 명 중에도 초보적 훈련을 거친 자가 적지 않습니다. 그들은 경제상의 문제로 10명 혹은 7~8명으로 나누어 소집단으로 묶여 제1, 2전방에 널려 있는데 당지 각급 군사장관들의 보살핌을 입어 자질구레한 사업에 종사하고 있습니다. 만약에 중앙에서 군대를 편성하는 것을 허락해 주신다면 단기간에 상당한 수의 광복군을 편성할 수 있습니다. 최근 국내외의 한국인들은 중국의 장기적 항일전쟁의 영향과 세계대전의 자극을 받아 일촉즉발의 추세를 보이고 있습니다. 만약 이 기회를 빌려 그들을 불러일으키고 고무격려하면 전민이 총동원될 수 있는 가능성이 있습니다. 장 총재와 하 부장께서 상의하시어 유격전쟁을 할 수 있도록 허락해 주십시오. 바라옵건대 군위원대에서 전문인원을 파견하여 광복군을 편성하고 훈련시켜 한국인 각 계층에 연락하여 역량을 집중하여 광복군이 정식으로 활동을 시작할 수 있도록 해

주십시오. 그렇게 하면 짧은 시간 내에 통일적 대적행동을 시작할
것이며 전 민족 중 소수를 제외하고 99%는 임시정부를 옹호하며
광복군이 항적할 것을 열렬히 기대할 것입니다. 여러 해 동안 부장
님의 많은 원조를 입어서 저희 사업에 대하여 끝없이 방조해 주셔서
감개무량하기 그지없지만 만약에 이번 일까지 도와주신다면 그 은
혜가 어찌 한국 사람에만 미치겠습니까? 그럼 여기서 편지를 마칩
니다.

제 김구 올림

12월 13일

김구(金九)가 류선(騮先) 주가화(朱家驊)에게

1941.12.25 **중**

류선 부장님께

　태평양전쟁이 일어나면서 미국으로부터 받던 원조가 끊어졌으며 당정기관의 공작비용과 사업비용, 그리고 소속된 각 동지들의 생계에 문제가 발생하였습니다. 부장님께서 장 총재께 전해주셔서 장 총재로 하여금 협조해 주시고 동정해 주셔서 매달 법폐(法幣) 6만 원을 보내주시어 각종 비용으로 사용하게 해주신다면 심히 감사드릴 것입니다. 돈을 찾는 수속은 복정일 동지가 처리할 것입니다. 이에 사의를 표하는 바입니다.

제 김구 올림

12월 25일

양력설에 해내외 동포들에게 드리는 글

1942.1.1 중

　해내외 동포들이여. 오늘은 대한만국 24년 설날입니다. 저는 예전에 '3·1' 대혁명을 발동하고 열혈이 넘치는 육신으로 적들과 싸웠으며 대한민국임시정부를 건립하여 세계의 여러 나라에 "한국은 독립된 국가이고 한국 인민은 자유로운 인민이다"라고 선포하였습니다. 세계의 형세가 급변하고 있는 지금, 우리 목전의 세계형세를 관찰해보면 민족의 전도를 널리 생각하고 실로 저도 모르게 자신의 모든 것을 바치게 되고 흥분하게 될 것입니다. 동포들이여, 23년 전의 오늘은 바로 우리의 선인들이 제1차 대혁명을 발동하기 직전이었습니다. 그때 제1차 세계대전이 수습된 후 파리평화회의가 개최되어 미국 대통령 윌슨은 민족자결권을 호소하였습니다. 전 세계의 피압박민족은 이 소식을 듣고 모두 일어나 독립과 자유를 쟁취하려 하였으며 세계대전의 영향이 세계의 방방곡곡에 전달되었습니다. 저도 그 시대의 영향을 받아 민족 영수 손병희 선생의 지도하에 세계를 진동시킨 대혁명을 발동하였습니다. 시국이 긴장한 오늘 또한 제가 제2차 대혁명을 발동하려 합니다. 지금 중국 사람들은 용맹하게 적들과 맞서 싸우고 있으며 영국과 미국도 일본과 선전포고를 하였습니다. 중국, 미국, 영국 등 3국은 아시아대륙과 태평양에서 함께 일본의 폭행에 저항하고 있습니다. 일제는 여러 나라의 공동작전하에 이미 패망해가고 있으며 그들의 실패는 이미 정해져 있습니다. 저는 이 두 번의 대혁명 직전에 있었던 여러 사건들을 비교

분석하면서 우리 민족의 전도가 얼마나 밝으며 우리의 사명이 얼마나 중대한가를 쉽게 알 수 있었습니다.

제1차 세계대전이 마무리되고 우리의 적국들도 전승국의 대열에 섰으며 영국, 프랑스 등의 국가들은 그들을 도와 원동문제에서 그들의 의견대로 결정해 버렸습니다. 이러한 정황하에서 일제의 통치세력은 약화되지 않았을 뿐만 아니라 새로운 특권을 부여받았으며 그들이 동아시아를 제패하려는 야심을 더욱 북돋워주었습니다. 이는 우리 한국의 혁명을 놓고 말하면 매우 불리한 조건입니다. 파리평화회의에서 윌슨 대통령은 민족자결권을 세계약소민족을 위해 호소하였지만 그의 주장은 영국, 프랑스, 일본의 반대를 받았으며 그의 주장은 실현될 수 없었습니다. 때문에 우리 한국 혁명은 아무런 나라의 도움도 받지 못하였으며 혁명 실패의 주요 원인이 되었습니다. 오늘의 정황은 이때와 완전히 다른 것입니다. 일제는 중·소·영·미 등의 나라와 적국이 되었을 뿐만 아니라 이미 전 세계 평화를 갈망하는 민족의 적수가 되었습니다. 일제의 멸망은 이제 시간 문제입니다. 일제는 필연코 실패할 것이니 앞으로 열리게 되는 평화회의에서 우리 한국의 문제는 합리적으로 해결될 것입니다. 그 이유는 원동문제와 제일 관계가 큰 나라는 중국이고 소련이 그 버금으로 가고 있기 때문입니다. 이 두 나라는 앞으로 열리게 되는 평화회의에서 유력한 발언자격을 가지게 되며 중·소 양국에서는 약소민족을 돕는 것을 나라를 세우는 정책으로 간주하여 필연코 약소민족의 이익을 수호하려 할 것입니다. 영·미 양국은 비록 자본주의 국가이지만 그 나라에는 정의적이고 인도적인 현명한 정치가들이 많습니다. 작년 8월, 루스벨트 대통령과 처칠 수상의 회합에서 보면 그들은 이미 전후에 민족자결 원칙으로 세계를 개조하려는 뜻을 표하였습니다. 이러한 상황에서 알 수 있는바, 많은 약소민족은 폭력적 통치에서 벗어날 것이며 전 세계 약소민족들은 모두 해방될 것입니다. 그러나 이것은 객관적 추세일 뿐이고 혁명의 성패는 객관적 추세에 의해 좌지우지되지 않습니다. 객관적 조건도 물론 중요하지만 주관적 조건도 무시할 수 없는 것입니다. 적들이 멸망하지 않으면 우리의 승리는 없을 것입니다. 혁명의 승리는 반드시 우리의 피와 희생으로 되찾아야 합니다. 우리 자신이 노력하지 않고 객관적 환경에만 의거한다면 시기가 성숙되었다 하더라도 혁명의 승리를 거둘 수 없습니다. 때문에 우리의 중심문제는 어떻게 노력하고 분투하는가에 있으며 어떻게 유리한 객관적 조건을 이용하여 우리 민족의 자주독립을 쟁취하는가에 있습니다. 우리는 이 간고하고 중대한 역사적 사명을 완수하여 우리 조상과 선열들의 혼령을 위로하고 우리의 천추만대에 복을 전승해 주어야 하는데 반드시 서로 심각한 인식과 각오가 있어야 합니다.

자주독립의 정신을 발양하는 것은 인생에서 가장 소중한 것입니다. 자주독립의 정신을 잃은 사람은 이미 인생의 진정한 의미를 잃은 것입니다. 한 민족이나 국가가 자주독립을 못하면 국가로 될 수 없습니다. 30여 년 동안 우리나라 인민들은 타민족의 온갖 유린과 압박과 착취와 도살을 받았으며 망국의 쓰라림과 치욕을 뼈저리게 맛보았습니다. 오늘날 우리는 국가 자유독립의 행복에 관하여 누구보다도 더 애절하게 바라고 있으며 국가와 민족을 위하여 복수하려는 애국심도 누구보다도 더 강렬합니다. 여러분은 국가흥망의 원인은 어디에 있는지 생각하고 있을 것입니다. 역사가 우리에게 한 민족이 패망하는 근본원인은 자주독립 정신을 상실한 데 있다는 답안을 제시해 줄 것입니다. 한 민족이 자주독립의 숭고한 정신을 잃고, 다른 민족을 숭배하고 신앙하며, 다른 민족에 의거하고, 다른 민족을 두려워하며, 눈앞의 이익을 위하여 대의를 버리고 개인의 이익을 위하여 나라나 민족을 버리면 이 민족은 필연코 생존의 여지가 없습니다. 옛사람이 말하기를 "물건은 먼저 썩은 다음에 벌레가 생기며, 사람은 스스로 자기를 모욕하기에 다른 사람도 자기를 깔본다"라고 하였는데 진리에 맞는 명언입니다.

저는 우리의 망국형세는 어떻게 이루어졌는지 여러 번 반성해 보았습니다. 민족정신과 민족도덕을 잃은 소인배들은 타민족이 우리 나라를 노리고 있는 줄 알면서 자기 이익을 위하여 타민족을 끌어들이고 그들을 등에 업고 잘난 척하는데 이들이 이른바 친일분자들입니다. 이들은 민족적 양심을 잃어버리고 일제를 위하여 국가와 민족, 자손들이 망국의 노예가 되는 길을 택하였습니다. 친러파들도 민족적 양심과 자주독립 정신을 잃고 자력갱생 용기가 부족하며, 자국에 신심을 잃고 인국을 숭배하며 의지하고 민족적 기력을 상실하고 있습니다. 민족적 정신이 이 정도로 쇠약해지고서야 어찌 나라가 망하지 않을 수 있겠습니까? 나라를 구하고 민족의 독립자주를 회복하려면 반드시 자신의 사상부터 바꾸고 두려움 없는 자주독립의 민족정신을 수립하여야 합니다. 이러한 두려움 없는 자주독립의 민족정신은 나라를 회복하고 흥성케 하는 근본이고 이러한 정신을 갖추는 한 우리는 꼭 밝고 광명한 전도를 맞이할 수 있습니다. 압박당하는 민족이 제국주의와 싸워 이기는 가장 강력한 무기가 바로 민족정신이며 정신이 물질을 초월할 수 있다는 것은 부인할 수 없는 사실입니다. 우리는 적들의 포화를 두려워하지 않습니다. 무서운 것은 민족정신을 잃는 것입니다. 옛사람들이 이르기를 "자유를 잃는 것은 죽기보다 못하다"라고 하였는데 우리 민족의 자유는 민족독립에서 옵니다. 무릇 한국인이라면 모두 국가와 민족의 독립을 위해 살고 국가와 민족의 독립을 위해 희생해야 합니다. 이것은 개인을 구하고 나라를 구하는 유일한 길입니다. 우리의 선열들은 모두 민족을 중시하였으며 적을 무찌르고 나라를 위해 목숨을 바칠 때 "나는 대한민족의 독립을 위해서는 죽어도 한이 없다. 대한민국이 독립할 때 나는 천당에서 덩실덩실 춤을 출 것이다"라고 하면서 자신을 희생하였습니다. 우리 선열들의 이러한 민족적 충성심은 얼마나 위대하고 숭고한 것입니까? 이런 사실을 알고 누가 감동되지 않겠습니까! 이제 더 노력하지 않으면 어떻게 선열들에게 대답하겠습니까? 우리는 모두 단군의 자손으로서 어찌 선열들의 위대한 정신을 계승하고 민족독립을 위하여 몸 바치지 않을 수 있겠습니까? 우리가 또 어찌 천추만대의 자손들의 자유와 행복을 위하여 자신을 희생하지 않을 수 있겠습니까? 누구나 다 몸 바쳐 의를 이루는 민족정신을 가지고 폭력을 궤멸시키고 정의롭고 합리적인 시대를 열면 어찌 일제를 물리치고 조국을 광복시킬 수 없겠습니까? 이것은 우리 시대의 사람들이 반드시 가지고 있어야 할 각오입니다.

통일단결

지금은 민족의 통일을 요구하는 시대이므로 통일하면 싸울 수 있고 통일하지 못하면 싸울 수 없으며 싸울 수 없으면 영원히 노예가 될 것입니다. 때문에 영토가 작고 민족도 적지만, 통일하면 뭐든지 해 나갈 수 있습니다. 우리 전 민족이 단결하여 3천만 동포가 한마음으로 굳게 뭉쳐 싸운다면 기필코 거대한 역량을 과시할 수 있습니다. 그럼 어떻게 통일해야 할 것인가? 여기서 말하는 통일은 다방면적인 것입니다. 즉, 사상, 행동, 정치, 정당, 군사, 외교, 교육 등 다방면에서의 통일을 말합니다. 특히 사상상의 통일은 제일 이루어지기 어렵습니다. 사상은 행동지침이며 공통된 사상이 없으면 내부에 분열이 생기고 행동에 분기가 생기며 서로 투쟁하고 마찰이 생기며 역량이 분산되고 실패할 수 있습니다. 만약 사상을 통일할 수 있다면 방향도 일치되고 목표도 일치될 수 있으며 모두가 한마음 한뜻으로 일본을 물리치고 나갈 수 있고 군사와 정권방면에서도 통일을 이루고 나중에 정당 통일도 이룰 수 있습니다. 여러분 생각에 오늘날 우리 한민족의 공통목표는 무엇입니까? 우리는 이미 이민족의 박해 아래 20여 년간 우마와 같은 생활을 했으며 도처에서 압박과 모욕을 받았고 착취와 유린을 받아왔습니다. 한국인으로 누구나 다 국가와 민족의 독립자유는 무엇보다 선두에 있고 무엇보다 급하며 무엇보다 높다는 것을 알고 있습니다. 그것은 개인의 화복과 영욕은 국가와 민족의 흥망성쇠의 운명에 의하여 결정되기 때문입니다. 국가와 민족이 독립자유를 상실하면 개인의 생명, 자유, 재산도 보장받을 수 없습니다. 우리가 개인의 생존흥망을 보장하려면 반드시 국가의 독립과 자주를 쟁취해야 합니다. 이는 우리 각 개인이 모두 체험하고 심각하게 이해하고 있는 사실입니다. 우리 각 개인은 이미 국가와 민족의 이익이 첫째며 국가와 민족의 이익을 제외하고는 다른 더 높은 이익이 없다는 것을 알고 있습니다. 우리는 국가와 민족의 입장에 서서 국가와 민족의 이익을 위하여 개인의 이익을 희생하여야 하고 국가, 민족의 독립자유를 위하여서는 자신의 생명까지 바쳐야 합니다. 우리의 공동한 목표가 결정되면 공동으로 믿고 있는 사상이나 주의도 결정됩니다. 일종의 사상이나 주의는 사회의 수요에 의해 무턱대고 생산된 것이 아닙니다. 일종의 주의가 한 민족에게 적용되는가 되지 않는가 하는 것은 그 주의가 민족문제를 해결할 수 있는가 하는 데서 표현됩니다. 모종의 주의가 그 민족의 문제를 해결할 수 있으면 그 주의는 그 민족에 가장 적합한 주의입니다. 현재 우리 한민족 공동의 희망과 절박한 문제는 민족의 독립과 자유를 쟁취해야 하는 것입니다. 때문에 이 문제를 완전히 해결할 수 있는 방도는 주의를 창도하는 것입니다. 우리한테 가장 적합하고 정확한 주의로는 민주주의뿐입니다. 여러분들도 아시다시피 우리 한민족의 통일당-한국독립당은 조국의 영토와 주권을 회복하고 우리 민족의 지위를 높이며, 나아가서 정치와 경제, 교육 수준이 평등한 민주국가를 건립하고 대내적으로는 국가와 민족을 부흥하고 인민의 생존과 발전을 보장해주며, 대외적으로는 여러 인접한 국가와 우호적으로 합작하고 인류의 공동번영과 발전을 촉진하는 것을 임무로 하고 있습니다. 우리가 신봉하는 사상과 정책은 오늘의 긴급한 수요일뿐만 아니라 장래에도 필수적이며 이는 우리 한민족을 구원하고 나아가서 세계와 인류의 생존발전에 공헌할 수 있는 것입니다. 이것은 우리가 공동으로 신봉하는 유일한 사상입니다. 한국독립당, 대한민국임시정부, 한국광복군은 우리 민족 정당의 최고 기구이며 동시에 정신적으로 일치한 하나의 전체입니다. 이것은 3천만 인민들의 진정한 이익을 대표하고 민족의 공동임무와 의지를 집행하기 때문에 우리 민족의 운명은 완전히 여기에 의탁해야 합니다. 전체 동포들의 정신, 인력, 재력, 물력은 이 전체에 집중되어야 하고 전 민족을 하나의 견고한 통일체로 조직해야 하며 오직 이렇게 하여야만 계통적이고 조직적인 투쟁역량을 과시할 수 있으며, 우리의 위대한 사명을 완성할 수 있습니다. 정부의 통일적 영도 아래 만 사람이 한마음으로, 공동으로 노력하고 선열들이 남겨 놓은 민족대업을 완수해야 합니다. 약소민족의 부흥은 반드시 두 가지 조건을 구비해야 합니다. 주관적 방면에서는 민족의식을 제고하고, 사상을 일치하게 하고, 조직을 통일해야 하고, 견고한 통일체를 건립해야 합니다. 객관적 방면에서는 국제적 형세가 호전되고 있기에 여러 국가들의 유력한 원조를 쟁취해야 합니다. 지난 세계대전에서 폴란드, 체코, 핀란드 등 약소민족의 독립과 전후의 터키 부흥 등은 모두 대표적 선례라고 할 수 있습니다. 오늘날 우리의 원수인 일제는 이미 세계와 인류, 세계에서 정의와 평화를 갈망하는 국가와 민족의 공동 적이 되었습니다. 다시 말하면, 전 세계 반침략의 국가와 민족은 모두 우리의 친구이고 우리만 노력하면 우리의 우방 중국은 협조를 아끼지 않을 것이며, 영국, 소련 등 반침략 국가에서도 우리를 원조해 줄 수 있을 것입니다. 이것은 우리로서는 매우 좋은 기회입니다. 현재 제2차 세계대전은 최후 단계에 들어섰고 우리 혁명의 성패와 관계되는 중요한 순간입니다. 올 한 해만 하여도 우리 정부는 인접한 국가인 중국의 협조하에 혁명의 구체적 근거와 절차를 정하게 되었습니다. 정의는 폭력과 맞서 싸워 이기며, 공리는 강권과 맞서 싸워 이길 수 있습니다. 우리 동포들이 일치단결하고 분발하여 자기 한 몸을 희생하여 나라에 보답하려는 민족정신을 갖추면 반드시 일제를 몰아내고 한국을 부흥시킬 수 있습니다. 현재의 국제 환경은 우리에게 매우 유리하며 우리가 지금 이 순간 더 노력하지 않으면 언제 다시 기대할 수 있겠습니까? 만약 이 절호의 기회를 놓친다면 우리 민족은 필시 비관적 운명에 처할 것이며 우리 당당한 단군의 자손들은 이때에 떨쳐 일어나 자기를 구하지 않으면 영원히 일제의 노역에 시달리게 될 것입니다. 민족의식을 조금이나마 지닌 사람이라면 어찌 자기 한목숨을 위하여 전 민족, 나아가서 천세만대 자손의 운명을 망치겠습니까? 우리 한국 혁명의 승패는 바로 올해에 있으며 이 시기를 놓치면 국가와 민족을 위하여 헌신할 기회를 놓치게 됩니다. 이러한 일촉즉발 시각에 혁명하지 않고 정부 동원에 호응하지 않으며, 민족의 한 개인으로서의 의무를 다하지 않으면 후회하게 될 것입니다. 바라건대 우리 민족 동포들이 정의를 위해 목숨 바칠 결심을 하고 남북으로 나뉘지 않으며, 성별, 남녀노소, 계급을 불문하고 전체가 동원되어 정부의 통일적 영도 아래 군사에 능한 사람은 군사, 정치에 능한 사람은 정치, 선전에 능한 사람은 선전에 참가하고, 조직에 능한 사람은 민중을 조직하고, 특무에 능한 자는 파괴와 암살에 종사하여야 합니다. 요컨대 매 사람마다 자신의 위치에서 분공합작(分工合作)하여 자기의 온 힘을 바쳐야 합니다. 그리고 앞사람이 쓰러지면 뒷사람이 계승하고 타격을 받을수록 용감해지며 정의를 위해 목숨을 바칠 준비를 하여야 하며 지극히 크고 강고한 정신을 발휘하여 30여 년 동안 망국노로 된 수치를 씻어야 합니다. 자주독립적인 새로운 한국을 건설하여 선열들이 우리에게 남겨준 신성한 민족사명을 완성하는 것은 우리의 해내외동포들이 올해 설을 맞이하며 다 같이 가져야 할 인식과 노력입니다.

김구(金九)가 류선(騮先) 주가화(朱家驊)에게

1942.1.9 중

류선 부장님께

지난 1월 8일에 보낸 부장님의 편지를 받았습니다. 한국독립당과 대한민국임시정부 각 부문의 조직개황과 그 부설의 경위대 편제 등 각항 사업을 물어보셨는데 지금 그 일부를 초록하여 보내니 잘 보시기 바랍니다. 그럼 모든 일이 잘 되길 바라면서 삼가 올립니다.

초록이 포함되어 있습니다.

제 김구 올림
1월 9일

김구(金九)가 류선(騮先) 주가화(朱家驊)에게

1942.1.11 중

류선 부장님께

세월이 바뀌면서 승리가 가까워지고 있습니다. 정치사업을 잘 하시고 나라를 위해 복을 가져다 주시기를 바랍니다. 지난 수년간 부장님께서는 저에 대해 많은 관심을 주셨습니다. 그 높으신 우정과 깊은 정은 영원히 잊지 않을 것입니다. 꼭 끝까지 관심을 주시어 공덕이 원만해지도록 도와주시기 바랍니다. 빠른 시일 내에 찾아가 뵙고 가르침을 받겠습니다.

평안을 기원합니다.

제 김구 올림
1월 11일

김구(金九)가 류선(騮先) 주가화(朱家驊)에게

1942.1.27 중

류선 부장님께

일이 있어 부장님을 찾아 뵙고 가르침을 받으려고 하오니 면담시간을 정해 주셨으면 합니다.

무훈과 평안을 기원합니다.

제 김구 올림

1월 27일

김구(金九)가 류선(騮先) 주가화(朱家驊)에게

1942.2.1 중

류선 부장님께

찾아 뵙고 가르침을 받을 수 있어서 얼마나 기뻤는지 모릅니다. 저희 대표 조소앙(趙素昻)이 미국으로 가는 수속도 만일 중국 군사 대표단과 함께 바다를 건너는 것으로 한다면 아주 편리할 것이라고 생각합니다. 부장님께서 이 일이 성사될 수 있도록 힘써 주실 것을 간곡히 부탁드립니다.

부장님의 평안을 기원하며 답장을 기다리겠습니다.

제 김구 올림
2월 1일

김구(金九)가 류선(騮先) 주가화(朱家驊)에게

1942.2.9 중

류선 부장님께

　부탁드릴 일이 있어 서찰을 동봉하였으니 살펴보시고 사실대로 장위원장께 전달하시어 특별히 접견할 기회를 주셔서 억울한 사정을 전할 수 있게 해 주시기 바랍니다. 이 일은 두 민족의 백년대계와 관계됩니다. 불경스러운 데가 있었다면 양해해 주시기 바랍니다.

　평안을 기원하며 답장을 기다리겠습니다.

　초록 한 부를 동봉해 드립니다.

제 김구 올림
2월 9일

김구(金九)가 류선(騮先) 주가화(朱家驊)에게

1942.2.27 중

류선 부장님께

3월 1일(일요일)은 우리나라 3·1 독립운동 제23주년 기념일입니다. 오전 10시 상청사(上淸寺) 방송빌딩에서 기념의식을 거행하오니 많이 참여해 주시기 바랍니다. 또 금후 중·한 두 민족이 서로 이끌어 주고 공동으로 진보할 방향에 관한 방침도 제시해 주셨으면 합니다.

평안을 기원합니다.

제 김구 올림
2월 27일

김구(金九)가 루스벨트 대통령에게 (전보)

1942.3.10 영
WB41, RCA
F 중경 33 10 1200

루스벨트 대통령께

  워싱턴의 탄생일을 기념하는 귀하의 노변한담 중 언급한 한국의
독립에 대한 귀하의 지원에 감사드리며, 대한민국임시정부를 지체
없이 인정해 주시기를 요청하는 바입니다.

대한민국임시정부
주석 김 구

김구(金九)가 이승만(李承晩)에게(전보)

1942.3.22 영
WAC 42 Via RCA-F 중경 86 1/50 22 2040

NLT 이승만
워싱턴 D. C. 호바트 가 1766

중국의 동방문화협회와 국제평화 캠페인의 중국 지부 공동주최 강연회에서 입법원 의장 손과(孫科) 박사는 오늘 많은 군중들 앞에서 대한민국의 완전한 독립과 대한민국임시정부의 즉시 승인을 주장했습니다. 조소앙 대한민국임시정부 외교부장은 국가 재건계획에 대해 연설하였으며, 만일 연합군이 일본을 격퇴하는 데에 한국의 협력을 필요로 한다면 중경, 워싱턴, 런던, 모스크바가 반드시 대한민국임시정부를 승인해야 한다고 말하였습니다.

김 구

김구(金九)가 류선(騮先) 주가화(朱家驊)에게

1942.5.1 중

류선 부장님께

　근일에 복정일 동지가 전하는 바에 의하면, 군사위원회에서 조선의용대를 한국광복군에 귀속시켜서 1개 지대로 개편하고 동지대의 대장 진국빈(陳國斌)을 광복군 부사령 명의로 임용하는 방안을 검토하고 있다는데, 우리도 여기에 대해서 찬의를 표명합니다. 다만 부사령이라는 명의는 현 직제 안에 들어있지 않을 뿐만 아니라, 또 거기에 맞는 인재가 있지도 않고 또 사람을 발신(發身) 시키기 위해 관직을 둔다는 것은 혁명과정에서도 하나의 나쁜 예를 만들게 됩니다. 통일과 단결을 위하여 결합을 꾀하는 것이라면 마땅히 허심탄회 선후책을 강구할 것이지, 개인적 지위를 탐하는 일이 있어서는 안 됩니다. 이제까지 한국광복군 총사령부 직원 중에서 한국적(韓國籍)을 가진 인사의 임용에서는 전부 우리 측에서 신중히 선발 보충한 뒤 광복군 총사령부에서 군사위원회에 보고해 왔습니다. 위의 사항을 참작하셔서 앞날에 지장이 생기지 않게 해 주시기를 바랍니다.
　평안을 기원합니다.

제 김구 올림
5월 1일

김구(金九)가 하응흠(何應欽)에게

1942.5.17 중

경공(敬公) 총장님께

오랫동안 연락을 못 드려서 죄송하오나, 경모의 마음은 여전히 깊습니다. 얼마 전에 주류선(朱騮先) 부장님께서 5월 11일에 보내오신 편지를 받아보았습니다. 편지에 장 위원장님의 편지를 받았는데 "2월 11일에 보낸 김구의 보고는 이미 읽었고, 이 일은 하 총장에게 넘겨주어 결정하고 답장하도록 한다"고 하셨고, 그 답장에 "조선의용대를 광복군에 통합하고 재편성하는 문제는 김약산(金若山) 등과 여러 번 협상한 결과, 현재 김약산이 자신을 이곳 광복군 부사령관으로 임명할 것과 의용대를 개편한 광복군 제1지대의 대장을 맡게 해 줄 것을 조건으로 광복군에 통합되는 것을 동의하였는데, 이 요구도 극히 정당한 것으로 그대로 해 주는 것이 적합할 것이므로 이에 따르기 바란다"라고 하셨습니다. 하지만 김약산을 한국광복군 부사령관 겸 지대장으로 임명하는 일은 우리나라 국무원에서 현재 의결중입니다. 이에 특히 편지를 드리는 바입니다. 또 한국광복군 총사령부 인원 중 한국 국적을 가진 인원들을 파견하거나 철회하는 문제에 관해서는 마땅히 저희가 의사결정을 거친 후 소속부대의 총사령관님에게 보고하고 귀 군사위원회에서 등록하는 것이 정확하다고 생각합니다. 이는 주권국가가 우호국을 원조하여 독립군, 또는 혁명군을 개편하게 하는 선례에 준한 것입니다. 널리 살펴보시기 바랍니다.

이에 특히 서신을 올리는 바이며 답장을 기다리겠습니다.
행복과 건강을 빕니다.

제 김구 올림

1942년 5월 17일

김구(金九)가 하요조(賀耀祖)에게

1942.5.18 중

귀엄(貴嚴) 주임님께

얼마 전에 주류선 부장의 편지를 받았습니다. 편지에서는 장 위원장님의 지시를 받고 다음과 같이 전한다고 하셨습니다. "2월 11일에 보낸 김구의 보고는 이미 읽었고, 이 일은 하 총장에게 넘겨주어 결정하고 답장하도록 한다"고 하셨고, 그 답장에 "조선의용대를 광복군에 통합하고 재편성하는 문제는 김약산(金若山) 등과 여러 번 협상한 결과, 현재 김약산이 자신을 이곳 광복군 부사령관으로 임명할 것과 의용대를 개편한 광복군 제1지대의 대장을 맡게 해 줄 것을 조건으로 광복군에 통합되는 것을 동의하였는데, 이 요구도 극히 정당한 것으로 그대로 해 주는 것이 적합할 것이므로 이에 따르기 바란다"라고 하셨습니다. 김약산을 한국광복군 부사령관 겸 지대장으로 임명하는 일은 저희 국무회의에서 현재 의사결정하려고 하는 중입니다. 중국 최고 영수이신 장 위원장님께서 한국 독립을 원조해 주시고, 특히 군대를 재편성하는 것을 허락해 주셨고, 장차 새로운 한국군이 중국 경내에서 항전에 참가하는 기간에는 중국 최고 통수부의 지휘를 받아야 하는 것은 마땅한 일이나, 현재 중국 항전에 참가하고 있는 여러 나라 지원병들이나 의용대는 그 성격이 서로 다르기 때문에 한국광복군 총부에 속하는 인원 중 한국 국적을 가진 인원들에 대한 파견이나 철회 문제에 대해서는 저희 쪽에서 의

사 결정한 연후에 다시 그 소속부대 총사령관이 중국 군사위원회에
보고를 올리는 것이 더 합당할 듯싶습니다.

이에 잘 헤아려 보시고 장 위원장께 전해주셔서 널리 살펴보시게
해 주시기 바랍니다. 한 사람의 일이라도 잘 처리하여 인사문제에
폐단이 생기지 않도록 해 주시기를 바랍니다. 불경스러운 데가 많
으나, 널리 헤아려 주시고 만나서 다시 말씀드리도록 해 주시기 바
랍니다.

공훈을 빕니다.

제 김구 올림

1942년 5월 18일

김구(金九)가 류선(騮先) 주가화(朱家驊)에게

1942.5.21 중

　류선 부장님께

　5월 18일에 보내주신 편지(첨부한 편지)는 모두 읽었습니다. 여러 모로 관심을 주셔서 감격하기 그지없습니다. 김약산을 한국광복군 부사령관으로 임명하는 일은 응당 저희 국무회의에서 결정한 대로 따라야 할 것이나, 이달 17일에 군사위원회에서 또 김약산에게 임명장을 내렸습니다. 이 인사문제로 인하여 불필요한 분쟁이 일어나지는 않을까 심히 우려됩니다. 저는 이미 이달 18일에 하(何) 총장과 하(賀) 주임께 편지를 올려 한국 국적을 가진 인원들을 파견하는 문제에 대해 명확한 규정을 제정해 달라고 청했으나 결정이 어찌 되었는지를 아직 모르고 있습니다. 이 일을 담당하는 분께서 주선하시어 바로잡아 주시기 바랍니다. 조선의용대는 원래 1, 2, 3 세 지대로 나뉘어 있었고 인원수는 총 130여 명이었는데 그 중 110명이 이미 작년 여름에 강을 건너 북상하였고 후방 여러 곳에 남아 있는 사람들은 20여 명에 지나지 않습니다. 최근 그 부대가 명령을 받고 광복군에 들어와 개편하게 되는데, 개편 후에 다시 상세한 명부 한 부를 보내드릴 것이니 참고하시기 바랍니다. 워싱턴에 계시는 송(宋)·호(胡)·웅(熊) 세 선생께 보내는 편지는 먼저 살펴보시고 다시 부장님의 명의로 발송하시고 적절한 설명을 덧붙이면 좋겠고, 발송하실 때 우선 저희한테 보내주시어 다시 제가 발송하게 하시는 편이 적합할 것이라고 생각됩니다.
　건강과 행복을 기원합니다.

제 김구 올림
5월 21일

김구(金九)가 류선(騮先) 주가화(朱家驊)에게

1942.5.25 중

류선 부장님께

송 부장, 웅 단장에게 드리는 전보 원고 및 조선의용군 소속인원 명단을 보내드리니 감찰해 보시기 바랍니다. 워싱턴에 보내는 전보문은 보신 후 돌려주셔서 저희들이 발신할 수 있도록 해 주시면 좋겠습니다.

공 선생을 만나는 일은 아주 긴요하기에 부장님께서 공 선생과 먼저 만나신 후 다시 편지를 주시어 어떻게 처리하면 합당할지를 가르쳐 주셨으면 좋겠습니다.

불경스러운 데가 있었다면 후에 만나서 사죄하겠습니다.

평안을 기원합니다. 별지 두 부를 보냅니다.

제 김구 올림
5월 25일

■ 전문안

위싱턴 중국 영사관에서 송 부장, 호 영사, 웅 단장에게 전달한 내용을 받아 보았습니다.

미국 주재 대한민국임시정부 대표 이승만 박사를 소개해 드리니 타합해 주십시오. 또 금후 이 대표가 미국 정부에 요구사항이 있을 때 수시로 협조하여 상호 신뢰의 정을 나타냈으면 합니다.

■ 조선의용대 소속인원 일람표

· 중경에 있는 사람: 김약산 대장, 김인철 부대장, 김준 직원, 윤징우 직원, 왕통 대원, 주세민 중대학생, 문광우 중대학생, 황민 직원, 이정호 직원, 송옥동 대원, 마일신(중훈단 음악반), 이해명 대원, 이달 대원, 이인홍 대원, 정상산 대원

· 강서 상요에 있는 사람: 이소민 직원, 최성장 대원, 강홍구 대원

· 호북 노하구에 있는 사람: 최인기 대원, 김승열 대원, 김창국 직원

김구(金九)가 류선(騮先) 주가화(朱家驊)에게

1942.6.9 중

류선 부장님께

부장님의 병환이 나아져 약을 드시지 않아도 된다니 얼마나 위로가 되는지 모르겠습니다.

이달 14일은 유엔 기념일로서 귀국 정부가 우선 대한민국임시정부를 승인하여 함께 축하하면 실로 함께 앞으로 나아가는 것이라 천하의 모든 사람들이 다 같이 축하할 일입니다. 이에 부장님께 부탁하는데 방법을 강구하여 장 위원장께 말씀드려 실현할 수 있게 하였으면 고맙겠습니다.

또 신용차관에 관한 사항은 우리 활동이 중지되지 않게 하기 위하여 귀국 정부에 어려운 부탁을 드리는데, 우선 다른 동맹국에 제창하여 공동으로 원조하도록 추진하여 주셨으면 고맙겠습니다.

그리고 잠시 50만 원을 빌려주셨으면 합니다. 현재 중국 정부에서는 전쟁 후의 화폐표준을 정리하고 막 달러 비축을 장려하고 있기 때문에 저희들도 달러로 빌리고 싶습니다.

부디 힘써 주시어 성사되게 해 주시기 바랍니다.

평안을 기원함과 아울러 몸조리를 잘 하시어 중국은 한국을 위하여 많은 행복을 창조해 주시기를 부탁드립니다.

제 김구 올림

6월 9일

김구(金九)가 류선(騮先) 주가화(朱家驊)에게

1942.6.24 중

류선 부장님께

저희들의 일에 신경을 많이 써 주시어 고마운 마음 한량없습니다. 공(孔) 원장님을 만나 돈을 빌리는 문제는 부장님의 말에 따르겠습니다. 그러나 저와 공 선생은 전혀 왕래가 없었던지라 공 선생은 저희 당과 중국국민당과의 관계에 대해서 잘 아시지 못합니다. 낯선 사람의 얼굴로 경솔하게 큰일에 대하여 언급하면 합당하지 않을까 망설이며 결정을 못 내리고 있습니다.

부장님께서 직접 만나시고 일을 추진하신다면 빨리 효험을 보지 않을까 하는 생각이 듭니다. 저의 충정을 생각하시어 결단을 내려 주시기 바랍니다.

그리고 몇 년 동안 뛰어다닌 한국광복군 문제는 이미 돌려세울 수 없는 교착 국면에 직면하였고, 저희 임시정부가 승인을 받는 문제는 기약도 없이 아득하게 되었습니다. 대내외의 활동과 사업들도 물자결핍으로 속수무책으로 앉아서 기회를 놓치고 있습니다.

저는 저의 무능함이 부끄러워 사직하고 물러나려 하는데, 제가 제일 믿고 있는 부장님이 생각나 이런 말씀을 드립니다.

잘 알아보시고 방향을 가르쳐 주십시오.

평안을 기원합니다.

제 김구 올림

6월 24일

김구(金九)가 류선(驑先) 주가화(朱家驊)에게

1942.7.17 중

류선 부장님께

점심에, 공 선생 댁의 연회석에서 우리를 방조하는 문제에 대하여 공, 오 두 분 선생이 서로 책임을 회피하였기에 결과를 보지 못하고 흩어졌습니다. 여러 달 동안 부장님이 기울인 노력과 저희들이 품었던 희망이 수포로 돌아가 매우 유감스럽습니다.

지금 저희 일반적 운동이 아주 큰 위기에 직면하였습니다. 두 민족이 장래 공수공존(共守共存)하는 문제에서 중국의 최고 영수가 확실하게 바로잡아 주고 명백하게 제시하여야만 전도가 보일 것이므로 이에 청을 드리는 바입니다.

잘 알아보시고 장 위원장께서 저들을 만나 확실한 지시를 내려 주실 수 있게 도와주십시오.

여러분이 무사하기를 바라며 답장을 기다리겠습니다.

제 김구 올림
7월 17일

김구(金九)가 류선(騮先) 주가화(朱家驊)에게

1942.9.10 중

류선 부장님께

조금 전에 귀하께서 중경에 도착하셨다는 소식을 듣고 대단히 기뻤습니다.

신용차관 문제는 부장님께서 여러모로 주선해주신 덕분에 중앙에서 첫 차관으로 법폐 200만 원을 빌려주기로 하였다고 합니다. 높은 의리와 깊은 은혜에 감격한 마음 이루 말할 수 없습니다.

최근에 상의할 일이 있어서 찾아 뵙고 가르침을 받고자 하오니 만날 시간을 정해 주시고 차관을 받는 수속에 대해서 가르쳐 주시면 고맙겠습니다. 다른 일에 대해서는 만나서 말씀드리겠습니다.

평안을 기원합니다.

제 김구 올림

9월 10일

김구(金九)가 류선(騮先) 주가화(朱家驊)에게

1942.10.20 중

류선 부장님께

이번 달 16일 부장님의 편지를 읽었습니다.

한국과 인도의 연계 및 미국에 있는 저희 기관에서 대신 선전하는 일 등에 저희가 나서는 것은 당연한 일입니다. 이미 전보로 워싱턴, 로스앤젤레스, 포왜(布哇) 등 세 곳에 연계하고 선전하였고, 미국에 설립한 기관에 전달하는 내용을 담은 편지는 대다수가 이미 도착하였습니다. 저희 경비문제에 대해 오 비서장님께서는 아무런 의사도 표시하지 않고 계시기에 초조함을 견디지 못하고 별지 한 장을 첨부해 보냅니다.

평안을 기원합니다.

연락처를 기재해 한 부 동봉해 드립니다.

제 김구 올림
10월 20일

김구(金九)·김약산(金若山)이 이승만(李承晚)에게 (전보)

1942.10.21 영
MACKAY RADIO
1942년 10월 21일 오후 3시 35분

FILLIN MK16
중경 31 19 1400

NLT 이승만 박사
워싱턴, 호바트 가, 1766

　　Hull 국무장관에게 보내는 우리의 메시지에서, 우리 한국독립당과 민족혁명당은 자유중국의 모든 한국인을 대표하는 당입니다.

김구·김약산

김구(金九)가 류선(騮先) 주가화(朱家驊)에게

1942.12.11 중

류선 부장님께

어제 복정일 동지의 말을 듣고 부장님께서 저희에 대하여 많은 관심을 갖고 계신다는 것을 알고 아주 기뻤습니다.

저희 임시정부 경비 및 소속되는 가족들의 생활비용은 작년 12월부터 귀 중앙에서 달마다 지급하는 법폐 6만 원으로 여태까지 유지하여 왔습니다. 이 은혜를 영원히 잊지 않을 것입니다.

하나, 물가폭등으로 원래 받던 액수의 돈이 많이 모자라는 데다 중경시 부근의 기타 당에 소속된 가족들의 생활비도 저희 정부에서 지급하다 보니, 금후 우리는 인구의 증가와 물가의 인상으로 공과 사 각 방면의 비용을 유지할 수 없게 되었습니다.

그리하여 재삼 생각하던 끝에 오직 귀 중앙에 의거하여 계속 도움을 받도록 청하는 수밖에 없습니다. 저를 배려하여 주시어 장 위원장께 사정을 사실대로 말씀 올리고, 현 상태를 유지할 수 있게 매달 더 지급하도록 비준하여 주셨으면 하는 마음입니다. 이에는 국내외 모든 활동사업 비용으로 따로 청한 것 외에 중경 주재 당정기관의 경비 및 중경시 부근에 있는 전체 한국 교포 340명의 생활비용을 달마다 20만 원(원래의 6만 원을 계속 지급하는 외에 매달 14만 원을 더 지급하여 20만 원을 도와준다는 말입니다)씩 지급한다면 지금 상태를 겨우 유지할 수 있겠기에 간절히 부탁하는 바입니다.

널리 살펴보시고 도와주시기 바랍니다. 무례한 데가 있었다면 사
죄하겠습니다.
　　평안을 기원합니다.

　　　　　　　　　　　　　　　　　　　제 김구 올림
　　　　　　　　　　　　　　　　　　　　12월 11일

태평양전쟁 1주년 기념 선언서

1942.12.29 영

별첨 No.2
중경 대사관, 1942년 12월 29일

태평양전쟁 1주년 기념 선언서
대한민국임시정부 주석 김구

작년 오늘은 태평양전쟁이 발발한 날입니다. 작년 바로 오늘, 민주주의 국가의 공동 적인 일본이 전통적 가미가제 전술을 이용하여 국제연합(UN)의 중요한 전초기지인 진주만과 싱가포르, 홍콩을 급습하였습니다. 그 이후 1년이 흘렀습니다. 그동안 국제연합은 태평양전쟁에서 영웅적 투쟁을 벌였습니다. 민주진영은 수세적 위치에서 공세적 지위로 돌아섰습니다. 스탈린그라드, 북아프리카, 남태평양, 중국 본토에서 획득한 지속적 승리는 연합군의 영광스러운 전승이 이제 머지않았음을 시사합니다.

이 경험으로 우리는 깊은 자극을 받았습니다. 우선 인류의 자유와 평등, 평화를 지키기 위해 희생을 무릅쓴 모든 연합군의 장병들에게 존경을 표합니다. 또한 주축국의 압제와 점령하에 있는 인민들에게도 우리의 공감을 표합니다. 우리 대한민국 국민들이 바로 이와 같은 아픈 시간을 경험하였기 때문입니다.

한국의 흥망성쇠는 태평양의 평화와 밀접하게 직결되어 있습니다. 32년 전, 한국은 일제에 병합되었고 이 사건은 태평양전쟁 발발

의 가장 큰 원인이 되었습니다. 바로 이 때문에, 국제연합이 태평양에 새로운 민주적 질서를 수립하고자 한다면 한국민의 문제를 결코 간과해서는 안 됩니다. 그래서 세계 민주주의 국가의 지도자들과 현명한 국회의원들은 우리나라의 안녕을 깊이 걱정하고 있습니다.

지난 반세기 동안 한국인들은 지속적으로 태평양 지역 제1의 적인 일본에 대항하여 훌륭하게 투쟁하였습니다. 1937년 중일전쟁이 일어난 이후 수많은 한국인들은 중국인과 함께 중국의 전선에서 함께 피를 흘렸습니다. 그리고 태평양전쟁이 발발한 이후부터는 공통 목표를 달성하기 위해 우리를 승인해야 할 것을 30개 국제연합 회원국에게 지속적으로 요청하였습니다.

우리는 UN의 활동에 참여하여 함께 싸울 의무가 있으며, 다른 한편으로는 중국과 미국, 영국, 소련으로부터의 물자지원을 요청할 권리가 있습니다. 특히 우리는 미합중국이 우리에게 무기대여권(*lend-lease privilege*)을 부여해달라고 요청하였으며, 이와 동시에 우리 임시정부를 지체 없이 공식적으로 승인하기를 요구하여 왔습니다. 우리 임시정부는 모든 UN 회원국들의 공통 적을 물리치기 위한 가장 현명한 방법으로 탄생하였기 때문입니다.

1919년 3월 1일, 우리는 혁명적 운동을 통해 윌슨 대통령의 민족자결주의가 세계의 모든 압제받는 민족들에게 적용되기를 바라는 소망을 전 세계에 내보였습니다. 이후 우리는 가장 발전된 민주주의 이상에 따라 이 혁명적 정치체제를 수립하게 되었고, 그 결과가 중경에 수립된 현 임시정부입니다.

우리는 현재 진행중인 세계대전을 통해 종국에는 모든 인류가 지속적으로 바라던 민족적 자유와 평등과 세계의 항구적 평화를 획득할 것임을 확신합니다. 그리고 대한민국은 태평양지역의 민주적 신질서 수립에 가장 중요한 요소가 될 것임을 믿어 의심치 않습니다.

따라서 이번 전쟁이 끝난 이후 우리의 완전한 독립을 보장하기를 원합니다. 다른 한편으로는 대서양 헌장에서 천명되었던 네 가지 자유가 세계의 모든 약소국과 압제하의 민족들에게 적용되어야 한다고 주장합니다. 또한 현 태평양위원회(Pacific Council)와 전후 평화회담에 완전한 독립국으로 우리의 목소리를 낼 수 있기를 희망합니다.

현재 오랜 기간 동안 이민족의 통치하에 있던 한국민에게는 행정관리자로서의 능력이 미약하다고 생각하는 사람들이 많습니다. 한국민으로서는 아주 불쾌한 일입니다. 우리 한국인에게는 자결권이 있기 때문에 우리나라를 강압적으로 통치하려는 어떠한 의도도 거부하며, 한국의 주권이나 독립을 훼손시킬지도 모르는 어떠한 타협안도 절대로 받아들이지 않을 것입니다. 앞의 생각은 일부 오도된 사람들에서 나온 것이며, 이들은 일본인의 학살에 대항한 중국인의 저항력을 과소평가했던 사람들입니다.

우리 한국인들은 수천 년간 아시아 대륙에서 일본으로 문화를 전파하는 역할을 하였습니다. 한국인은 일본보다 월등히 뛰어난 문화민족입니다. 한국인들은 수십 년 동안 일본의 압제에 대항한 혁명적 투쟁을 중단한 일이 없습니다. 그리고 이러한 경험을 통해 우리의 조직력, 정치적 기술, 과학적 지식은 엄청나게 진보하였습니다. 우리는 대한민국이 민족의 독립을 회복하고 가장 진보적인 민주적 질서를 수립할 수 있으며, 현대시대의 요구에 부응하며 태평양과 세계 전체의 항구적 평화에 기여를 할 수 있다고 확신합니다.

현재 우리가 처한 환경은 매우 어렵습니다. 비록 수만 명의 병력을 지니고는 있지만 아직 국제연합으로부터 어떤 정치적 승인이나 군사적 원조도 받지 못하였습니다. 하지만 지금의 기회를 계기로 우리는 태평양전쟁에서 대한민국이 차지하는 지위가 얼마나 중요한가를 강조하고자 합니다. 실망스러운 점은 연합군이 우리에게 아직도 의심의 눈초리를 보내고 있다는 것인데, 그 결과 너무나 얻기 힘든 황금 같은 기회를 언제든지 잃을 수 있다는 점을 명심해야 합니다. 이는 정말 중차대한 문제입니다. 저는 모든 UN 회원국들이 영광의 최종승리를 위해 우리와 함께 투쟁 노력을 배가하도록 촉구합니다.

김구(金九)가 류선(騮先) 주가화(朱家驊)에게

1943.1.11 [중]

류선 부장님께

새로운 한해가 왔고 승리도 눈앞으로 다가오고 있습니다. 무훈을 기원함과 아울러 나라를 위하여 많은 복을 창조해 주시기를 바랍니다.

지난 여러 해 동안 부장님께서 저희들을 많이 돌봐주셨습니다. 그 깊은 정의는 영원히 잊지 않을 것입니다. 꼭 끝까지 도와주시어 공덕을 이루게 해 주시기 바랍니다.

나머지 일은 찾아가 만나 뵙고 가르침을 받겠습니다.

새해에 복 많이 받으십시오.

제 김구 올림
1월 11일

김구(金九)가 임성우(林成雨)에게

1943.2.2 영

서한에 대한 설명

1. 한국인에 대한 연합군의 물자지원 미비 비판
2. 적군의 조직 및 병력에 대항한 사보타주를 위한 자금요청
3. 한국 당파들간 이견조정

저자는 두 명의 동포와 존경하는 안창호에게 보낸 편지에서 현재 미국의 통일한국위원회와 중한민중연맹단 대표 한길수 사이에 존재하는 갈등에 대해 논의하였습니다. 또한 한국인에 대한 물질적 원조를 꺼리는 연합군에 대해 유감을 표시하였으며 적군에 대한 사보타주 수행과 연합군을 위한 군사정보 습득을 위한 자금지원을 요청하였습니다.

1. 한국인에 대한 연합군의 물자지원 주저 비판

신이 내린 천금같은 이 기회를 오랫동안 기다려왔건만, 연합군은 아직도 우리에게 어떠한 물자지원도 제공하기를 주저하고 있습니다. 그들은 태평양전쟁 발발 이후 한국인이 아직도 혁명 운동의 잠재적 힘을 잘 볼 수 없다고 여기는 것 같습니다. 하지만 우리가 그들의

단점과 냉정함만을 지적한다면 소용없겠죠. 신뢰할 수 없는 그들의 원조만을 바란다면 우리는 이 소중한 기회를 잃게 될 것입니다.

2. 적군의 조직 및 병력에 대항한 사보타주를 위한 자금 요청

따라서 저는 우리가 지닌 수단을 통해 우리 힘으로 무엇인가를 해야 한다고 생각합니다. 그래서 귀하의 전적인 도움이 필요하다는 결론을 내렸습니다. 어떤 일이 있더라도 우리는 적의 군사조직 및 병력, 그들의 군사기밀 등에 대항한 사보타주를 수행해서 연합군에게 우리의 위대한 존재를 알려야 합니다. 물론 초기에는 대규모로 사보타주를 수행할 수 없을 것입니다. 하지만 저는 제2의 윤봉길 역할을 해서라도 가치 있는 정보를 연합군에게 제공할 것입니다. 바로 이 점 때문에 한인애국단의 용맹스러운 기상을 전수받은 하와이의 우리 당원들에게 U. K. C. A.에 대해 불미스러운 영향을 끼치지 않고 이 일을 수행하기 위한 재정적 원조를 요청합니다. 이 편지를 받은 즉시 6개월의 활동비로 600달러 이상을 매월 송금하시기를 요청합니다. 이를 통해 저는 세계를 깜짝 놀라게 할 충격적 활동을 벌여, 결국 여론을 우리에게 유리하게 돌려놓을 수 있으리라 믿습니다.

저는 미국 내 한인들이 재정적 부담을 짊어지고 있음을 알기 때문에 감히 그들의 짐을 더욱 무겁게 할 생각은 없습니다. 다만 귀하와 우리 당의 충성스런 당원들이 무리한 부탁을 하는 제게 늘 그러했듯이, 이번에도 확고한 신념을 가지고 최선을 다해달라고 요청드리고 싶습니다. 전에 없던 이 어려운 상황을 부디 이해하여, 귀하의 너그러운 마음에 호소할 수 있기를 바랄 뿐입니다. 귀하가 절대 저를 실망시키지 않으리라 믿습니다.

추신: 지난 11월 이원순(S. F. 22552)을 통해 송금하신 천 달러는
고맙게 잘 받았습니다.

3. 한국 당파들간 이견조정

저는 김호(검사관 SF-21445)와 전경무(SF-13374)의 질문에 다소
놀랍고 당혹스러웠습니다. 저는 이 질문이 어떻게 제기되었는가를
잘 모르기 때문에, 이 문제를 정당하고 만족스럽게 해결하기 위해
서는 귀하의 현명한 충고가 필요하다고 생각합니다. 중국뿐 아니라
미국 내의 한인들의 단결이 달성된 바로 이때, 조금이라도 분열조
짐이 보인다면 우리 애국자들과 외국의 친구들을 실망시키는 바람
직하지 못한 결과를 낳을 수 있습니다.

따라서 그들이 다시 계몽될 수 있는 기회를 주기 위해 타협적 조
치를 취하는 것이 좋다고 생각합니다. 그들은 그 편지의 권한을 침
해하지 말고 자신들의 자리로 돌아와 이승만 박사(SF-21419)와 협
력하기 위해 최선을 다해야 합니다. 이것이야말로 우리 정부의 권
위가 유지되고 그에 따라 결국 U. K. C. A.의 궁극적 목표를 달성할
수 있는 유일한 합리적 해결책일 것입니다.

우리 정부는 U. K. C. A가 제출한 보고서를 보고 한길수의 비겁한
행동에 대해 잘 이해하게 되었습니다. 하지만 이 보고서를 읽지 않
았더라면 U. K. C. A.를 위해 활동하는 저명한 두 인사인 김과 전이
한과 협력하고 있다는 사실은 거의 이해할 수 없었을 것입니다. 저
는 이것이 진실이 아니길 바랍니다. 그리고 한길수가 그의 잘못을
인정하고 우리 정부와 재미 대표인 이승만 박사께 복종한다는 의지
를 보여주길 간절히 바랍니다. 사람은 신이 아니기에 어느 정도의

잘못을 저지를 수 있습니다. 우리가 우리의 개인적 이익을 명분을
위해 희생할 만큼 충분히 용감하다면, 당연히 이 모든 어려움은 곧
극복될 것이라는 것입니다.

▪ 검사관의 노트: 모든 철자, 구두점, 문법적 오류는 원본에 존재하던
  것입니다.

김구(金九)가 오철성(吳鐵城)에게

1943.3.8 중

철공(鐵公) 비서장께

지난달 8일에 보내주신 편지는 이미 읽었습니다. 편지 중에 간곡히 부탁하신 사업계획에 대해서는 재삼 고려한 결과 아래와 같이 대강을 만들어 보내오니 검토해 보시고 실시해 주시면 매우 고맙겠습니다. 목전의 내부 갈등은 실제적 사업이 전개됨에 따라 차츰 소실될 것이라고 생각합니다. 이것은 사건 속에 있는 사람의 경험으로 미루어 내린 판단이니 널리 살펴시고 빨리 실현되도록 도와주시기 바랍니다. 이는 중·한 쌍방 이익에 관계되는 일입니다.

이에 특히 전갈을 드립니다.

평안을 기원합니다.

사업계획대강 한 부를 첨부하였습니다.

제 김구 올림
3월 8일

김구(金九)가 류선(騮先) 주가화(朱家驊)에게

1943.4.24 중

류선 부장님께

금년에 우리 당과 정부에서 새로 소속되는 인원들에 지출되는 비용은 부장님이 적극 밀어주신 덕분에 해결을 보았으나, 기구의 확대와 물가의 폭등으로 여전히 지출에 대처할 수 없었는데, 이 긴급한 시각에 또 선뜻 여러 달의 경비를 선불하여 주서서 위급한 고비는 일단 넘겼습니다.

하지만 상황은 시간이 갈수록 더 악화되고 있어 좋은 해결방법을 마련하지 않는다면, 그 후과는 상상할 수 없으리만큼 엄중하기에 지금 반드시 비용문제를 해결하여야 합니다.

이에 불경을 무릅쓰고 면회를 부탁드립니다. 끝까지 도와주시고 좋은 방법을 알려주시면 아주 고맙겠습니다.

나머지 사항은 만나 뵙고 말씀드리겠습니다.

평안을 기원합니다.

제 김구 올림
4월 24일

장개석(蔣介石) 총재가 한국 영수를 접견한 담화 기록

1943.7.26 중

시간: 중화민국 32년 7월 26일 오전 9시
장소: 군사위원회 2층 응접실
한국 영수: 임시정부 주석 김구
외무부장: 조소앙　선전부장: 김규식
광복군사령: 이청천　부사령: 김약산
통역: 안원생
오 비서장 배석

총재: 중국 혁명의 최고 목적은 조선을 원조하는 것입니다. 귀국이 완전한 독립을 실현하는 것은 아주 어려운 일이기 때문에 귀국 혁명동지들이 한마음으로 뭉치어 노력하고 분투하여 광복운동을 승리로 이끌기 바랍니다.

김구·조소앙: 영국과 미국은 조선의 미래에 대하여 국제상에서 공동으로 주최하자는 의견을 보이는 것 같습니다. 중국 측에서 이에 흔들리지 말고 조선 독립을 지지해 주시기 바랍니다.

총재: 영국과 미국 측에서 그런 편견을 가지고 있는 것은 사실입니다. 앞으로도 그런 쟁론이 자주 벌어질 것 같습니다. 그러므로 한국 내부에서는 더욱더 한마음으로 뜻을 합치어 실제적 사업에서 성과를 내어 보여줄 필요가 있을 것 같습니다. 그 다음으로 중국도 힘닿는 대로 노력하여야 쉽게 성사할 수 있을 것입니다.

■ 대한민국임시정부 영수 김구 등 6인이 총재를 회견

대한민국임시정부 주석 김구, 외교부장 조소앙, 광복군 총사령 이청천, 선전부장 김규식, 광복군 부사령 김약산 등 5인은 오늘 오전에 장 총재를 만나 뵙고, 대한민국임시정부의 조직과 활동상황에 대해 말씀드렸으며, 총재는 김구 등에게 이후에 일본이 한국에서 한국 백성을 억압하는 문제와 중국에 있는 한국 교포들의 상황에 대해 물었다.

대한민국임시정부 주석 김구,　　외교부장 조소앙,　광복군 총사령 이청천, 선전부장 김규식, 광복군 부사령 김약산 등 5인은 오늘 오

김구(金九)가 류선(騮先) 주가화(朱家驊)에게

1943.8.9 중

류선 부장님께

  조금 전 귀 부에서 더 지급하는 보조비 14만 원은 김약산 등이 오선생의 제시에 따라 금년 5월부터 발급하는 것을 비준한다는 증명 서류와 공금착복 등 죄상을 열거한 성토문과 영문 번역문을 중경에 주재한 각 동맹국 영사관과 통신사에 보내어 경계하는 용도로 쓰게 하였습니다. 그리고 6월부터는 지급을 확실하게 보장한다고 하였는데 귀 부의 부장께서 공무로 순시하러 나갔기에 7월에 이르러서야 6월 보조비를 지급받게 되어 우방의 웃음거리가 되었습니다. 이는 실로 유감스러운 일입니다. 증명서를 보내 주셔서 바로잡게 해 주시기 바랍니다.

  평안을 기원합니다.

제 김구 올림
8월 9일

김구(金九)가 류선(騮先) 주가화(朱家驊)에게

1943.11.10 중

류선 부장님께

만나 뵙고 좋은 교훈과 이익을 받았습니다.

또한 다행스럽게 달마다 보조비를 지급받아 많은 권속들의 생활은 유지할 수 있겠지만, 기타 사업은 실로 밀고 나가기 어렵습니다. 더군다나 새해에 물가가 지나치게 올라 생계를 유지하지 못할까 봐 두렵습니다.

그리하여 부장님께서 사실대로 오 비서장께 전달하여 주셔서 빠른 시일에 나머지 돈을 지급받아 급한 불을 막게 하여 주시면 아주 고맙겠습니다.

그리고 오 비서장께 사실대로 여쭈어 보조비를 더 지급받을 수 있게 특별히 비준받아 공·사적인 문제를 제때에 해결할 수 있도록 부디 도와주시면, 은혜를 입는 것은 중경에 있는 한국 교포들만이 아니리라 생각합니다.

평안을 기원합니다.

제 김구 올림
11월 10일

김구(金九)가 류선(駵先) 주가화(朱家驊)에게

1943.12.3 중

류선 부장님께

11월 30일에 부장님의 편지를 반갑게 읽었습니다.

일체 달마다 조선민족혁명당 경비 만 5천 원을 보조하는 데 관한 문제는 원래 작년 겨울에 우리 임시정부 제34차 회의결정에 의하여 실행하는 사람들의 제의는 이러하였습니다. "임시정부는 정치의 통일을 위하여 우선 생활의 통일을 실시한다. 그 방법으로는 임시정부에서 통일적으로 중경에서 사는 전체 한국 교포들의 생활을 지원하기 위하여, 정부 재원이 충족되기 전까지 각 당에 소속되는 권속들에게 지급하던 원래 생활비를 그대로 정부가 납부 받아 발급하도록 한다."

이 의안을 제의하고 심의한 사람들은 모두 조선민족혁명당의 간부이며 후에 재정곤란으로 금년 7월에 착수하여 시작하였습니다. 그러나 물가의 폭등으로 이전에 추정했던 매 사람이 매달 받는 250원의 생활비는 아주 부족하여 재결정을 통하여 매 사람에게 170원씩 더 지급하기로 하였습니다(계산하면 420원). 이러면 전체 교포 325명의 생활비가 13만 6천 5백 원이고, 그리고 기타 사무비, 일상 잡비 등 계산하면 약 6만여 원이 되는데 달마다 귀 부에서 빌린 돈 3만 원을 갚고 나면 17만 원밖에 받지 못합니다. 서로 제하고 나면 아직도 1만 원이 모자랍니다. 전체 교포들의 생활을 통일한 이래 한국독립당의 경우 작년 겨울에 달마다 당내에서 생활비로 쓰던 1만 7천여 원을 정부에 바치기로 하고 조선민족혁명당에서는 이 당의 전체 권속들의 생활비 5만 1,282원을 지급받는 동시에 7월 당비 1만 5천 원도 받아가기로 하였습니다. 이렇게 되면 조선민족혁명당에서도 결의안을 존중하여 원래 조선민족혁명당의 권속들에게 지급하던 생활비 약 1만 6천여 원을 정부에 바쳐야 합니다. 그러나 그들이 억지를 부리며 바치지 않기에 방법이 없어 8월부터 이 당이 매달 받아야 할 보조비 1만 5천 원의 지불을 정지시키기로 하였습니다. 그런데 이러한 사소한 일로 귀 당 최고 간부들에게 호소하여 심려를 끼쳐드리게 하다니 참으로 부끄럽고 불안하기 그지없습니다. 수고스럽지만 오 비서장께 전달하여 잘 알아보셨으면 하는 부탁입니다.
　평안을 기원합니다.

제 김구 올림

12월 3일

장 주석(蔣主席)에게 드리는 편지

1944 **중**

비밀문건 제6호

　　중화민국 국민정부 주석 장 공 각하

　　각하께서 지도하는 성스러운 항전이 시작된 지 이미 8년이 되었습니다. 그 의지와 끈질긴 정신에 대해서는 한없이 감복할 뿐입니다. 저는 3천만 한국 민중을 대표하여 무한한 경의를 드립니다.

　　저희 임시정부가 귀국에 거주한 후, 각하께서는 줄곧 정의로운 우정을 지켜 주시고 도움을 주셨으며 대원을 파견하여 협상하게 하셨으니 그 전통적 정의의 깊음을 족히 알 수 있습니다. 지난해 카이로 회의에서도 우리나라 독립을 주장하여 영국과 미국의 동의를 얻도록 해 주셨으니 무릇 한국인이라면 감격하지 않을 자가 없을 것입니다. 최근 국제형세를 보니 제2차 세계대전이 개시된 이래 주요 전범국가가 붕괴되고 태평양군대가 들어와서 일본침략자를 좀더 일찍 몰아낼 수 있지 않을까 싶습니다. 저희 혁명지사들은 힘이 부족하여 연맹국을 따라 전쟁에서 싸워 협조하지 못하는 것을 큰 유감으로 생각합니다. 하지만 그 원인을 찾자면, 저희 임시정부는 성심성의로 마음을 합치고 의지가 통일되어 있고, 국내외에 잠재한 세력도 많을 뿐만 아니라 활약적이지만, 임시정부가 아직 연맹국의 승인을 받지 못했기 때문에 그 호소력이 크지 못하고 군사적 장애도 많으며 추진력도 부족한 것이라고 말할 수 있을 것입니다. 그렇기 때문에 저희들은 항상 마음에 우수가 서려 있습니다. 이에 목전의 어려움을 타결하기 위하여 저희 임시정부 동인들이 모여서 의논한 결과, 오직 성심성의로 우호적 이해를 구하여 더욱 큰 원조를 바랄 수밖에 없다는 결론을 내리게 되었습니다. 이에 각하께서 널리 살펴보시고 시종 도움을 주셔서 일찍이 있었던 프랑스 임시정부의 선례에 따라 저희들을 우선 사실상 승인해 주도록 이끌어 주시기 바랍니다. 그리고 앞으로 정치, 군사, 경제 등의 문제에 관한 협상은 모두 양측에서 대표를 파견하여 책임지게 하는 편이 좋을 것이라고 생각합니다. 저번에 정해주신 한국광복군행동9개준승(韓國光復軍行動9個準繩)에 대해서는 저희가 기초한 '중한호조군사협정초안'에 근거하여 수정을 거치도록 해 주시기 바랍니다. 저희들은 적극적으로 일을 추진하여 사명을 완성함으로써 귀국에서 해마다 이끌어주신 깊은 은혜를 저버리지 않으려고 합니다. 회의석에서 우리나라의 국제지위를 높이고 원동지구 안전을 도모하기 위한 기초를 마련하는 것은 귀국이 삼민주의의 대동정신을 드높이고 세계평화를 실현하는 무한한 덕을 세상에 알리는 것이 될 것이며 모든 인민들에게 감동을 주어 영원히 불멸하게 될 것인바, 이는 저희 3천만 한국 민중들이 구가하는 것에 그치지 않을 것입니다. 이 일은 우리 두 나라의 백년대계에 관계되는 일이므로 말을 아끼지 않고 저의 의견을 말씀 올리는 바입니다.

각하께서 만기(萬幾)를 보시는 바쁜 틈에 정기적으로 만나 주시어서 더욱 감격의 마음을 금할 수 없습니다. 귀하의 옥체건강을 축원합니다. 귀하의 지시를 기다리겠습니다.

김 구

• 중한호조군사협정 초안을 동봉합니다.

김구(金九)가 하응흠(何應欽)에게

1944 중

경공 선생 부장님께

오랫동안 가르침을 받지 못했으니 그리워하고 경모하는 정이 날로 더합니다. 부장님의 많은 전공과 높은 위상은 다만 우러러 칭송할 뿐입니다. 부장님의 높은 군사적 재능은 이미 많은 공훈과 높은 위상을 얻게 되었으니 가히 칭송할 만합니다. 저희 임시정부가 귀국에 와서 거주한 이래 귀국 정부에서는 정의로운 우정을 지켜 주시고 많은 도움을 주었습니다. 각하께서는 군사시설 방면에도 많은 도움을 주셨고, 여러 해 동안 각하께서 주최하여 상담의 기회를 마련해 주셨으니 그 우정의 깊음과 융숭함을 잘 알 수 있습니다. 특히 지난해 카이로 회의에서는 귀국 주석 장 선생께서 크게 도움을 주셔서 의리를 주창하고 우리나라 독립을 주장하여 미국과 영국의 지지를 얻게 되었으니 무릇 한국인이라면 감격하지 않을 자가 없을 것입니다. 최근 국제형세를 보니 2차 전쟁이 시작된 이래 주요 전범국가가 붕괴되고 태평양군대가 들어와서 일본 침략자를 좀더 일찍 몰아낼 수 있지 않을까 싶습니다. 저희 혁명지사들은 힘이 부족하여 연맹국을 따라 전쟁에서 싸워 협조하지 못하는 것을 큰 유감으로 생각합니다. 하지만 그 원인을 찾자면, 저희 임시정부는 성심성의로 마음을 합치고 의지가 통일되어 국내외에 잠재해 있는 세력도 많을 뿐만 아니라 활약적이지만, 임시정부가 아직 연맹국 승인을 받지 못했기 때문에 그 호소력이 크지 못하고 군사적 장애도 많으며 추진력도 부족한 것이라고 말할 수 있을 것입니다. 그렇기 때문에 저희들은 항상 마음에 우수가 서려 있습니다. 이에 목전의 어려움을 타결하기 위하여 저의 임시정부 동인들이 모여서 의논한 결과, 오직 성심성의로 우호적 이해를 구하여 더욱 큰 원조를 바랄 수밖에 없다는 결론을 내리게 되었습니다. 이에 각하께서 저희들의 어려움을 장 공께 전해드려 형세를 널리 살펴보시고 흔쾌히 도와주도록 해 주시기 바랍니다.

우선 저희 임시정부가 유엔으로부터 승인을 받을 수 있기를 바랍니다. 이전의 프랑스 임시정부의 선례에 따라 저희들을 우선 사실상 승인해 주도록 이끌어 주시고, 그 다음에 대표를 파견하여 여러 가지 일에 관해 협상할 수 있도록 해 주시기 바랍니다. 귀국 군사위원회에서 제정한 우리나라 한국광복군행동9개준승은 많은 제한이 있어 실행하기 어려운 부분이 많습니다. 이 점에 대해서는 역시 모여서 의결을 거친 후 최근에 폐기하기로 하였으니 저희가 기초한 '중한호조합작군사협정초안'에 근거하여 수정을 거치도록 해 주시기 바랍니다. 저희들은 적극적으로 일을 추진하여 저희들의 사명을 완성함으로써 귀국에서 해마다 이끌어주신 깊은 은혜를 저버리지 않으려고 합니다. 앞으로 있게 될 전후평화회의에서 우리나라의 국제적 지위를 높이고 원동지구의 안전을 도모하기 위한 기초를 마련하는 것은 귀국에서 삼민주의의 대동정신을 드높이고 세계평화를 실현하는 무한한 덕을 세상에 알리는 것이 될 것이며 모든 인민들에게 감동을 주어 영원히 불멸하게 될 것인바, 이에 대해 칭송하는 자는 저희 3천만 한국 민중에 그치지 않을 것입니다. 이 일은 우리 두 나라의 백년대계에 관계되는 일이므로 말을 아끼지 않고 저의 의견을 말씀드리는 바입니다. 귀하는 나라 대사를 도모하는 일에 노숙하실 뿐만 아니라 계략 또한 깊어 귀하의 말씀은 위에서 언제나 실천에

옮겨 좋은 효과를 거둔다고 들었습니다. 이에 특히 부탁드리는 바
입니다. 답장을 기다리겠습니다.

김 구

▪부(附) : 중한호조군사협정초안

김구(金九)가 오철성(吳鐵城)에게

1944.1.10 중

철공 비서장께

저번에 찾아 뵙고 많은 가르침을 받았습니다. 또 물자를 지급해 주시겠다는 승낙도 주시어서 정말 고맙습니다.

저희 정부경비는 귀 중앙에서 달마다 이십만 원을 지급받아 유지하고 있었습니다. 다만 물가폭등으로 새로운 교포들의 생활비가 아직 부족한 편인데, 해마다 물가가 올라 지급이 아주 큰 문제가 되어서 편지를 하는 바입니다. 저를 배려하여 부디 해결해 주십시오.

빠른 시일 안에 1백만 원을 지급 받아 바쁜 고비를 넘기게 해주시면 고맙겠습니다.

장 위원장께서 특별히 허가하시어 충족한 금액의 돈을 지급받도록 하였습니다. 또 보조금액에 관한 공과 사적인 문제는 면담을 거쳐 해결 받도록 하겠습니다.

언제나 도움을 주셔서 무척 고맙습니다.

평안을 기원합니다.

제 김구 올림
1월 10일

김구(金九)가 류선(騮先) 주가화(朱家驊)에게

1944.1.18 중

류선 부장님께

조금 전에 부장님 편지를 기쁘게 읽어 보았습니다.

부장님께서 오 비서장께 원조하는 일을 위탁하시어 얼마나 고마운지 모릅니다. 저는 얼마 전에 오 비서장을 만나 뵙고 원조 받는 일에 대한 답장을 받았습니다. 하 총장을 독촉하시고 오 비서장께 위탁하시여 빠른 시일 안에 도움을 주셨으면 하는 마음입니다. 그리고 음력 세밑이 가까워 지금과 같은 곤란한 상황이 계속되면 아주 힘들 것이므로 이렇게 간곡히 부탁합니다. 부장님이 큰 국면을 고려하여 잠시 먼저 돈을 선불하여 급한 목을 막게 한 후 다시 사후 처리를 하도록 고려하여 주십시오. 불경스러운 데가 있었다면 만나 뵙고 가르침을 받겠습니다.

평안을 기원합니다. 답장을 기다리겠습니다.

제 김구 올림
1월 18일

김구(金九)가 오철성(吳鐵城)에게

1944.1.21 중

철공 비서장께

새로운 한 해가 오고 승리도 가까워지고 있습니다. 복 많이 받으시고 나라를 위해 좋은 일을 많이 하시기를 바랍니다. 여러 해 동안 깊은 원조의 손길을 받은 덕분에 임시정부의 사무도 돌볼 수 있었고 귀 당과의 정실도 두터워질 수 있었습니다. 그동안 많은 도움을 주셔서 사업이 순조롭게 진행되도록 해 주셔서 정말 고맙습니다.

보조 금액은 얼마 전에 위원장님의 허락으로 발급받게 되었는데, 이 돈은 따로 지급하고 저희 임시정부의 기타 총괄하는 비용과 혼합되지 말아야 될 뿐더러 어떠한 형식으로나 의견이 갈라지지 않게 잘 이용할 수 있었으면 합니다.

이에 편지로 부탁하는 바입니다.

평안을 기원합니다.

제 김구 올림
1월 21일

김구(金九)가 류선(騮先) 주가화(朱家驊)에게

1944.2.7 중

류선 부장님께

　1년 동안 우리 임시정부의 집무비와 중경시 부근에 있는 수백 교포들의 생활비는 귀국 정부 장 주석 각하의 계속적 원조와 지지로 지금까지 은혜를 입어 왔습니다.

　감격한 마음은 이루 말할 수 없고 그 크신 덕택도 점점 깊어지고 있으나 물가가 지나치게 올라 매달 받는 법폐 20만 원으로 수백 교포들의 생활을 유지하기가 아주 곤란합니다. 그리고 기타 정당의 지출도 있는데다가 연말이라 경제상황이 아주 곤란합니다. 이 바쁜 고비를 넘기려면 귀 당 중앙집행위원회에서 아직 채 지급하지 않은 80만 원 보조비를 주어 어려운 고비를 넘기게 해 주시면 공과 사 두 방면으로 도움을 받은 것이니 그 고마운 마음은 더 비길 데 없을 것입니다.

　하지만 일시적 원조는 목전의 위기를 넘기게 해 줄 수 있을 뿐이고, 앞으로는 귀 중앙의 더욱 깊은 원조의 손길에 의지해 공적·사적인 비용을 해결해야 할 것 같습니다. 이때까지 받은 원조는 보조 성질에 속하지만 최근에 귀 중앙당부에서 선후로 지급하여 준 1백만 원과 금후 특별 비준하는 일체 공사비는 차관의 성질로 인정하여야 하기에 임시정부에서 증명서류를 작성하여 드리겠습니다. 이 일을 취급하는 귀 기관에서는 장래 광복 후 건립된 새 정부가 금액에 따라 채무를 갚는 것이 합당하다 생각됩니다. 이는 최근 각 동맹국에서 여러 망명정부에 경비를 원조해 주는 한 가지 관례로 서로 돕고 합작하는 도덕과 정의의 원칙에 어긋나지 않는다고 생각됩니다. 이를 사실대로 전해 주셨으면 좋겠습니다.

귀 최고통수께서 저희들의 충정을 굽어 살피시고 앞에 말씀드린 여러 사항들을 실시한 후에 임시로 상당금액을 지급해 주시어 저희 활동의 효율을 높일 수 있도록 해 주시고 달마다 법폐 1백만 원을 빌려주시어 현 상태를 유지할 수 있게 해주시면 아주 고맙겠습니다.

평안을 기원합니다.

경비증가 차관청구예산서 한 부를 동봉해 드립니다.

제 김구 올림
2월 7일

■ 경비증가 차관 청구예산서

1. 중경시 부근의 전체 한국 교포 남녀 가족 4백 명(그 중 340명은 고정된 권속에 속하고 그 외에 공무로 말미암아 오는 사람이 약 육칠십 명임). 매 사람 매달 생활비 1,200원으로 계산하면 48만 원, 또 의약, 교육 등 각종 비용이 약 5만 원, 도합 53만 원입니다.
2. 임시정부에 소속하는 9개 부 2개 처(處) 직원의 생활집무 등의 비용은 매달 약 40만 원, 가옥 및 기타 각종 비용은 매달 약 7만 원으로서 도합 47만 원입니다.

위의 두 항목 경비를 합치면 매달 도합 법폐 1백만 원이 됩니다.

김구(金九)가 류선(騮先) 주가화(朱家驊)에게

1944.2.23 중

류선 부장님께

16일에 부장님의 편지를 반갑게 읽었습니다.

이번에 보조비를 더 지급 받으려고 청구하는 문제를 편지로 하 부장님과 오 비서장 두 분 선생께 부탁하는 바람에 일이 오히려 혼잡하게 되었습니다.

지난날 일부 문제는 전적으로 부장님께 의뢰하여 많은 도움을 받았습니다. 이번에는 제가 자세히 고려하지 않고 경솔하게 대책을 낸 것이므로 저의 충정을 헤아려 널리 양해해주시기 바랍니다.

금후 모든 일을 부장님께서 취급하여 주시면 확신도 있거니와 많은 수속도 줄일 수 있으리라 생각하는데 의사가 어떠하신지 모르겠습니다. 다른 사항은 만나 뵙고 가르침을 받겠습니다.

평안을 기원합니다.

답장을 기다리겠습니다.

제 김구 올림

2월 23일

김구(金九)가 오철성(吳鐵城)에게

1944.3.3 중

철공 비서장께

얼마 전에 주신 경비는 저희 내부의 여러 부서에서 서로 받으려고 해서 번거롭게 해 드려 죄송하기 그지없습니다. 저의 어려움은 이미 극한에 이르러 지탱하기 어렵게 되었기에 직접 편지를 올리는 바입니다.

장 위원장께 청하셔서 달마다 지급하는 6만 원에 얼마간 더 보태 주시어 생활을 유지할 수 있도록 해 주시기 바랍니다. 지금 문제되는 1백만 원을 저 대신 보관해 두시고 앞으로 필요할 때 쓰게 해 주셨으면 합니다. 저의 만부득이한 고충을 널리 살펴보아 주시고 어떻게 했으면 좋을지 견해를 제시해 주셨으면 좋겠습니다. 실례가 많았습니다. 나머지 사정은 만나 뵙고 다시 말씀 드리겠습니다.

평안을 기원합니다.

김구 올림
3월 3일

김구(金九)가 류선(騮先) 주가화(朱家驊)에게

1944.3.6 중

류선 부장님께

이번 달 4일 우리 직원 기숙사에 화재가 나서 손실이 아주 큽니다. 복정일 동지가 중상을 입었고 또 뒷수습이 아주 어려워 편지로 청을 드리는 바입니다. 부디 배려하여 주시어 20만 원을 먼저 꾸어 주셨으면 합니다.

그리고 저번에 부탁한 월비를 더 지급받는 문제는 실시할 수 있도록 허락받게 간곡히 부탁드립니다.

바쁘시더라도 저희들의 사정을 돌봐 주시면 대단히 고맙겠습니다.

평안을 기원합니다.

제 김구 올림
3월 6일

김구(金九)가 오철성(吳鐵城)에게

1944.4.18 중

철공 비서장께

최근에 물가가 인상되고 우리 교포들의 숫자가 늘어나 2월 8일에 하·주 두 선생과 비서장님께 편지를 보내어 이러한 사정을 사실대로 장 주석께 전달해 주실 것을 부탁했습니다.

장 주석께서는 특별히 달마다 80만 원의 돈을 더 지급하도록 하여 총 100만 원을 보내어 어려운 고비를 넘기게 하라고 비준하셨습니다. 그러나 몇 달이 지나도 실시되지 않아 저희들이 겪고 있는 어려움은 이루 형용할 수가 없습니다.

또한 2월 상순부터 지금까지 70여 일 사이에 물가가 두 배 이상 인상되었습니다. 어쩔 수가 없어 특별 서한을 올려 간곡히 부탁하는 바입니다. 자금이 제때에 도착하도록 도움을 주시어 이 급한 고비를 넘길 수 있도록 도와주셨으면 합니다.

그리고 매달 지급비용에 대해서도 빠른 시간 내에 해결을 주셨으면 고맙겠습니다.

평안을 기원합니다.

제 김구 올림
4월 18일

김구(金九)가 오철성(吳鐵城)에게

1944.4.28 중

철성 선생님께

방금 전에 축하편지를 받았습니다. 부끄러워 몸 둘 바를 모르겠습니다. 이번 선거에서 뭇사람의 여러 사람들의 천거를 받게 되어 실로 임무는 중하고 능력은 부족하다는 것을 깊이 느끼게 되었습니다.

각하께서 방향을 가르쳐 주셨으면 고맙겠습니다.

평안을 기원합니다.

제 김구 올림

4월 28일

김구(金九)가 류선(騮先) 주가화(朱家驊)에게

1944.5.28 중

주 부원장 류 선생님께

선생께서는 여러 해 동안 저희 임시정부가 귀국에 도움을 청할 때마다 많은 힘을 써 주시고 저희를 수호해 주셨습니다. 저희 정부 동인 및 모든 한국 교포는 두 분에게 감격하고 있습니다. 지금 일에 지쳐서 사직하신다고 하는데 매우 서운하게 생각합니다. 각하께서는 당과 국가를 위해 중임을 맡으셨습니다. 비록 직접 조직을 이끌지는 않으셨지만 금후 저희들의 신뢰는 더욱 깊어질 것입니다. 지금은 비록 잠시 어려움이 있지만 종국에는 행운이 따를 것입니다. 조만간 찾아 뵙고 마음껏 이야기할 수 있기를 진심으로 기대하는 바입니다.

평안을 기원합니다.

제 김구 올림
5월 28일

김구(金九)가 프랭클린 D. 루스벨트에게

유첨 No.2708
6월

중경 대한민국임시정부
외교부

No.1 Wusseyeh Hang
중국, 중경
1944.6.17 영

대통령 각하께

서유럽의 제2전선 수립과 최근 로마 탈환, 태평양의 지속적 전진을 성공시킨 국제연합에 대해서 귀하와 미합중국 정부와 미국 국민들에게 저와 대한민국임시정부, 그리고 대한민국 국민이 축하와 환영 메시지를 보내게 되어 영광으로 생각합니다. 각하, 이 획기적이며 귀중한 사건들은 동서양 독재자들의 멸망을 촉진할 것이며, 국제연합의 공동승리를 이끌어 전쟁으로 황폐화된 이 세계 전역에서, 자유를 사랑하는 모든 사람들 속에 영구적 평화와 행복을 조기에 정착시킬 수 있는 기폭제가 될 것입니다.

저는 한국 문제와 관련된 성명서와 의정서를 각하께 보내고자 합니다. 저는 이 정보가 귀하의 현명한 결정을 위해 중요한 참고사항이 될 수 있으며, 극동 여러 국가의 공동 적인 일본에 대항한 최종

작전에 대해 직접 얼굴을 맞대고 조기에 결정을 할 수 있도록 도움
을 주리라 믿습니다. 우리 한국 국민들은 미합중국 정부 및 다른 연
합국 강대국들과 직접적이고 효율적인 만남을 가능한 한 빨리 추진
하여 현재 동아시아 연합군이 수행하는 작전과 우리의 민족해방을
위한 운동을 조정할 수 있게 되기를 갈망합니다.
　각하, 저와 우리 정부의 높은 존경과 배려를 부디 받아주십시오.
　건강하십시오.

대한민국임시정부 주석
김 구

미합중국
워싱턴 D.C.
백악관
프랭클린 D. 루스벨트 대통령께

▪위에 언급된 선언서와 성명서 각각을 첨부합니다.

김구(金九)가 장개석(蔣介石)에게

1944.6.21 중

장 주석 각하

삼가 올립니다. 저희 임시정부가 귀국 수도에 머무른 이래 귀국 당정 각계의 협력을 받아 광복사업은 날로 진전이 있게 되었으니 그 감격의 정을 어찌 다 표현할 수 있겠습니까? 작년에 열린 카이로 회담에서 각하께서 제일 먼저 전쟁이 끝난 후 한국의 독립을 실현할 것이라고 보증한 것에 대해 우리나라 인사들은 감격해마지 않습니다. 현재 동맹국의 승리는 코앞에 와 있으니 우리나라의 참전 임무는 더욱이 중요해졌습니다. 이에 귀국에서 실력으로 원조를 주시어 두 나라의 절실한 합작을 실현하게 해주실 것을 깊이 부탁드리는 바입니다. 이에 특히 성명서와 비망록을 동봉하오니 살펴보시기 바랍니다.

각하의 건강을 기원합니다.

김구 삼가 올림
중화민국 33년 6월 21일

김구(金九)가 오철성(吳鐵城)에게

1944.9.6 중

철공 비서장께

어제 귀 당 장 총재를 만나 뵙고 가르침을 받았습니다. 장 주석께서는 저희 임시정부의 모든 사업에 충분히 협조를 해 주실 것을 승낙하셨고 또 비서장님과 직접 상의하라고 지시하셨습니다. 이런 고상하고 깊은 우의는 저로 하여금 진심으로 기쁨과 감격을 느끼게 하였습니다. 장차 승리한 후 두 나라의 영광은 필연코 역사에 기록될 것입니다.

그리고 수일 내에 방문날짜를 예정 받고자 하니 면담일자를 정해 주시기 바랍니다. 이에 특히 말씀드리는 바입니다.

평안을 기원합니다.

제 김구 올림

9월 6일

김구(金九)가 오철성(吳鐵城)에게

1944.9.10 중

철공 비서장께

며칠 전 보내드린 편지에서는 저희 임시정부의 경비문제에 대해 살펴 주실 것을 부탁드렸습니다.

저희 임시정부 경비는 이번 달에 이미 귀 당 조직부로부터 50만 원을 받았지만, 이 금액은 반달 생활비에 해당하는 금액이라 너무 적어 10일 동안의 지출을 유지할 수 있을 뿐입니다. 이는 필요한 금액과 엄청난 차이가 있어 우리로 하여금 당장 경제난에 부딪히게 합니다.

발등에 불이 떨어진 격이므로 부득이하여 청을 올립니다. 특별히 먼저 50만 원을 빌려주어 바쁜 고비를 넘기고, 다른 일들은 정황에 따라 협상하여 해결을 보았으면 합니다. 각하께서 하루빨리 날짜를 정하고 만나서 여러 가지 일들을 해결하여 주시기를 기대합니다.

귀 당 총재께서 크나큰 기대를 하고 계시니, 각하께서도 기꺼이 해결해 주실 것이라고 생각합니다.

평안을 기원합니다. 기쁜 소식을 기다리겠습니다.

제 김구 올림
9월 10일

김구(金九)가 이승만(李承晚)에게[*]

1944.9.21 영
중국 중경

Korean Commission
이승만 박사
4700 Sixteen St. N. W
워싱턴, D. C.

1.

    제 2지대(한국광복군)의 이범석 장군은 9월 9일 중경에 도착하였습니다. 지난 3년간 그는 엄청난 어려움에도 불구하고 역사적 싸움을 잘 이끌어 왔으며, 중국의 적진 가운데 지역뿐 아니라 한반도 내부와 통신채널을 열었습니다. 이 와중에 그의 밑에 있던 여러 명의 군인들이 목숨을 희생하였습니다.

    이후 이범석 장군은 중경에 도착하여 향후 이 분야의 발전을 위해 우리와 함께 협의하는 시간을 가졌습니다.

    지금부터 한국 내뿐 아니라 적진 한가운데에서도 우리가 작전을 펼치기가 훨씬 수월해질 것입니다. 이러한 호전된 조건을 지니게 된 배경은 다음과 같이 정리할 수 있습니다. 첫째, 우리 한국 국민

---

[*] 이것은 1944년 11월 6일 워싱턴 D. C.에 항공편으로 보낸 대한민국임시정부 주석 김구와 그의 비서가 서명한 편지에서 몇 개의 쟁점을 번역한 것입니다.

은 연합군의 승리에 대해 나날이 점점 더 강력하게 신뢰하고 있습니다. 둘째, 우리 국민의 삶에 대한 일본제국의 착취가 더욱 가혹해지고 있습니다. 셋째, 일본인들이 일본 궁성에 대해 이른바 일본인의 애국심뿐 아니라 한국인의 애국 충성까지 강요하면 할수록, 한국 국민의 마음속에 대한민국에 대한 애국심은 더욱 불타오를 것입니다. 넷째, 일제의 징병에 대한 한국인의 적개심은 점점 더 높아만 가고 있습니다.

이범석 장군은 머지않아 자신의 작전지역으로 돌아갈 것입니다. 그는 자신의 활동영역에서 세운 공적을 열광하여 그에게 미 군사정보부의 딕 대령을 소개하였던 연합통신의 한 기자와 인터뷰를 하였습니다. 이범석 장군에 대한 관심이 높았던 대령은 워싱턴으로 가서 적법한 권한을 획득하도록 권고하였습니다. 저는 딕 대령이 이 문제를 직접 워싱턴에 통보할 것이라 기대하였습니다. 하지만 만일 귀하가 이 문제에 나선다면 그의 비자 및 교통문제를 훨씬 수월하게 해결할 수 있으리라 생각합니다.

저는 이범석 장군이 미국과 한국 모두를 위해 가장 유용한 역할을 할 수 있는 사람이라 확신합니다. 이범석 장군은 군사적 경험에서뿐만 아니라 군사과학에서도 가장 탁월한 군인 중 한 명입니다. 아시다시피 그는 몇 년 전 청산리 전투에서 일본군을 상대로 승리를 쟁취한 결과 '청년장군'으로 유명해진 분입니다.

우리는 2개월 이상 그 없이 지낼 수 없습니다. 그는 우리의 업무에 핵심적 존재입니다.

이 문제를 반드시 대외비로 처리해 주십시오.

중국 측은 최선을 다해 우리와 협력하고 있지만 이곳 상황이 그다지 좋은 것은 아닙니다. 독립된 한국인 부대를 편성하여 미군과 나란히 작전을 수행할 수 있도록 귀하가 미국 당국과 협의하도록 요청을 드립니다. 연합군이 한국에 상륙하였을 때 최전선에서 이 부대가 배치될 수 있도록 말입니다.

만일 이 일이 수행되지 않는다면 극동에 미국세력 확장을 두려워하는 소련이 현재 폴란드에서 사용하고 있는 동일한 방법을 이곳에서 사용할지 모릅니다. 러시아는 휘하에 10만 명의 한국인 장교와 사병을 두고 있으며 이들을 다른 국가보다 앞서서 한국에 파견할 가능성도 존재합니다. 그런 일이 발생한다면 국제관계뿐 아니라 한국 문제가 더욱 복잡하고 어려워지게 될 것입니다. 우리가 아는 한 소비에트는 일본을 태평양의 미국 세력에 대항한 교두보로 이용할 수도 있습니다. 그동안 러시아는 황해 북부지방 전역의 중국 공산주의자들을 더욱 강화하여 궁극적으로 태평양 진출의 야망을 달성할지도 모릅니다.

3.

중국 정부와 우리 임시정부의 관계는 과거에 비해 훨씬 발전되었습니다. 하지만 중국 측의 물자지원은 여전히 미흡한 수준입니다. 이 달부터 중국 정부는 매월 1백만 중국달러를 지원해주기로 결정하였습니다. 하지만 이곳에서 활동하는 우리의 생활비로 사용되기에도 너무 적은 금액입니다. 이 금액의 절반은 우리 생활비로, 절반은 활동경비로 사용될 예정입니다. 이 사실만 보더라도 우리가 이곳에서 겪는 재정적 어려움에 대해서 짐작하시리라 생각합니다.

중국 정부는 현재 한국과 중국의 적진 내의 조직, 통신 및 정보활동을 위해 500만 중국달러를 제공하려 하고 있습니다. 우리는 이 금액을 받아들이기로 결심했지만 여전히 걱정이 많습니다. 현재

500만 중국달러는 전쟁 이전에는 5천 중국달러에 해당하는 금액이
었습니다. 한국과 사천성의 적진에 군력을 파견하기에는 터무니없
이 적은 돈입니다. 이에 따라 어떤 결과가 초래될 것인가 잘 짐작할
수 있으리라 생각합니다.

북부 중국의 1인당 한 달 생활비는 약 1만 중국달러입니다. 한
사람이 중경에서 한국으로 왕복여행을 하기 위해서는 10만 중국달
러 이상이 들죠. 따라서 500만 중국달러의 금액은 어떤 작전의 성
공을 위해서는 턱없이 부족한 금액입니다. 저는 미국정부로부터 우
리의 정보, 사보타주, 조직, 통신 및 선전활동에 드는 비용을 지원
받을 수 있을까 알고 싶습니다.

4.

이전 편지에서 제가 언급하였듯이 중국군이 우리 광복군에게 강
요한 9개 준승은 상호 이해에 따라 폐기되었습니다. 따라서 우리군
은 그 이후 완전히 독립적이 되었습니다. 다행스러운 일입니다. 이
때문에 우리 군은 완전히 독립적인 위치에서 연합군과 관계를 수립
할 수 있습니다.

그러나 실제로는 가까운 지리적 위치뿐 아니라 과거의 긴밀한 관
계 때문에 중국인들과 어느 정도의 밀접한 관계를 유지할 수밖에 없
을 것입니다. 더군다나 우리가 중국 땅에서 싸움을 계속하는 한 우
리 군은 중국 최고사령관이나 연합군 태평양 최고사령관의 통제를
받아야 할 것입니다.

어떤 경우이든 우리 임시정부는 평등과 상호 지원의 원칙에 따라
전적으로 새로운 군사적 관계를 수립하기 위해 중국 정부와 협상하

는 중입니다. 우리는 가까운 미래에 이 새로운 협상의 결론을 맺을 것으로 기대합니다.

　그러나 중국이 군사적 손실과 극도의 경제적 어려움을 겪는 한 중국이 우리에게 향후 충분한 물자지원을 할 수 있는가에 대해서 극히 의심스럽습니다. 중국의 깊은 도덕적·정신적 협력에 대해서는 감사하고 있지만 물자지원을 기대할 상황이 아닙니다. 그래서 미합 중국으로부터 물자지원을 받아야 한다고 생각합니다.

　건강하십시오.

김 구(서명)

비서 엄항섭

김구(金九)가 오철성(吳鐵城)에게

1944.10.1 중

철공 비서장께

저번에 말한 경비를 빠른 시일 내에 지급하여 주셨으면 합니다.

가르침을 주시면 꼭 따르겠습니다.

불경스러운 데가 있었다면 만나서 사죄하겠습니다.

평안을 기원합니다.

제 김구 올림

10월 1일

화평로 오사야항 1호

한국독립당 중앙집행위원회

김구(金九)가 오철성(吳鐵城)에게

1944.10.7 중

철공 비서장께

한국광복군 진행문제에 대해 검토하신 후 저의 동인들의 의결을 거쳐 문서를 교환하는 방식으로 의견을 교환하였으면 합니다. 한국광복군 문서교환 초안과 다른 요구 몇 가지를 베껴서 보내드리니 잘 고안해 주십시오.

연구하신 다음 총재 선생께 전달해 주셔서 군사 고급관원들과 상의하시고 빠른 시간에 결과를 봤으면 합니다.

시기를 보아서 이 문제에 대하여 전문적 면담을 진행했으면 합니다.

각하의 평안을 기원합니다.

자세히 조사하고 대조하시기를 바랍니다.

제 김구 올림

10월 7일

■ 한국광복군 문서교환 초안

1. 한국광복군은 조국의 광복을 목적으로 한다. 단, 중국 경내에 있을
   때에는 반드시 중국 군대와 배합(配合)하여 항일작전에 참가한다.
2. 한국광복군이 중국 경내에서의 대일작전 기간에 실력성장과 전국의
   변화에 따라 광복군의 일부 혹은 전부가 중국 통수부의 지휘를 받
   아야 한다.
3. 한국광복군이 중국 경내에서 소요되는 일체의 군자(軍資)는 중국으
   로부터 차관형식으로 대한민국임시정부에 공급한다.
4. 한국광복군이 중국 경내에서 훈련, 초모 등 공작을 진행할 때 중국
   측에서 필요한 협조와 편리를 주어야 한다.
5. 중한 양측에서는 반드시 군사대표를 지정하여 한국광복군에 관한
   교섭상황을 협상한다.
6. 중한 군사당국은 반드시 연락참모 약간 명을 파견하여 연락을 취하
   며 아울러 한국광복군 공작에 협조한다.

■ 한국광복군 요구사항
1. 한국광복군의 경상비는 중국군 현행 급여규정에 따라 달마다 지급
   한다.
2. 한국광복군이 설립한 훈련반에서 소요되는 경비 월 30만 원을 제외
   하고, 그 밖에 대원들 훈련비 2백만 원과 건물, 기구, 침상 등에
   쓰이는 비용 3백만 원을 지급한다.
3. 한국광복군의 초모비용으로 매달 2백만 원씩 지급한다.
4. 중국의 각 포로수용소에 있는 한적(韓籍) 포로를 한국광복군에 넘
   겨주어야 한다.
5. 이상에서 미비한 상세한 부분은 양측 군사대표가 상의하여 따로 결
   정한다.

김구(金九)가 오철성(吳鐵城)에게

1944.11.2 중

철공 비서장께

연지(蓮池) 임시정부 가옥문제는 두 주일이 지나도 해결을 보지 못하였습니다. 예약금 5만 원도 이미 냈지만 예정일이 4일밖에 남지 않아 조급해하고 있습니다. 그리하여 특별히 편지를 보내니 빠른 시일에 해결할 수 있도록 도와주시면 고맙겠습니다.

평안을 기원합니다.

회답을 간절히 기다립니다.

제 김구 올림
11월 2일

이승만(李承晩)이 김구(金九)에게

1944.11.24 한

金主席 閣下

　下列 各項을 實行할 수 있다면 政府의 訓令을 履行하기에 盡力
하겠음니다.

(一) 每月 總額으로 美金 二千元이나 되는 九人에 薪給을 누가
　　支佛할 것인가?
(二) 所有의 參加한 團體에서 擁護支待할 것을 約束할 겄
(三) 委員長이 紛糾을 이르기는 委員을 調動할 수 있을 겄
(四) 各委員은 諮詢性 性質에 工作에만 服務할 겄

　閣下의 困難을 充分히 認識하면서 閣下을 裏助하려 합니다. 그
러나 以上의 實現이 不可能한 時에는 責任을 지기에 매우 어렵겠
음다. 그 境遇에는 閣下가 適當한 人才를 었기까지 職任을 繼續하
겠음이다.

李承晩

김구(金九)가 오철성(吳鐵城)에게

1944.12.9 중

철공 비서장께

요즘 귀국이 출석한 태평양회의에서 소육린(邵毓麟) 선생은 깊은 학식과 열정으로 우리나라 임시정부를 많이 협조해 주셔서 고마운 마음을 금할 수 없습니다. 그분께서 저의 명예고문직을 맡아 주셨으면 하는 간절한 부탁입니다.

각하께서 저의 간절한 소원을 전달해주셔서 소 선생이 꼭 우리의 청구에 응하게 해주십시오.

평안을 기원합니다.

제 김구 올림
12월 9일

김구(金九)가 오철성(吳鐵城)에게

1944.12.11 중

철공 비서장께

지난 번 말씀드린 저희 당의 행정비용을 빌려주실 것에 관한 문제는 가까운 시일 내에 해결을 주셔서 저희 사업이 순조롭게 진행되도록 도와주셨으면 좋겠습니다.

몇 달 동안 국내외사업을 하는 동지들이 중경에 머무르는 경향이 많으나, 경비를 구할 방법이 없어 시일이 지연되고 있어 조급하기 그지없습니다.

저를 배려해 주시고 아울러 방향을 제시해 주시기를 부탁드립니다. 복 많이 받으시길 바랍니다.

제 김구 올림

12월 11일

김구(金九)가 오철성(吳鐵城)에게

1944.12.27 중

철공 비서장께

우리 정부 청사를 찾아주시고 적극 도와주셔서 고맙습니다.

지금 좀 수리하고 곧 들어가려 하나 면적이 꽤 크고 또 워낙 여인숙으로 썼던 집이라, 사무실로 쓰기에는 적합하지 않아 내장공사를 하여야 하고, 되도록이면 낡고 간단한 것으로 사용하려고 하나 소부분은 보충해야 하겠기에, 이사 및 내장공사비 1백만 원을 더 보내주셨으면 합니다.

또 저번 귀 당 총재 장 선생이 비준한 매달 경비 1백만 원은 몇 달 동안 물가가 계속 오름으로 인해 생활을 유지하기에 부족한 형편입니다. 이제 이사를 하고 여러 가지 업무가 늘어나게 되면 지출을 감당할 수 없습니다. 이에 매달 1백만 원을 더 지급하여 필요한 부분에 보충하게 해주십시오. 만부득이한 상황이라 이제 절약하려고 하여도 더 절약할 데가 없는 형편이고, 각하께서 잘 헤아리고 배려해 주시기에 사실대로 말씀 올립니다. 번거롭게 해 드린 점 양해해 주시기 바랍니다.

평안을 기원하며 회답을 손꼽아 기다립니다.

김구 올림
12월 27일

김구(金九)가 오철성(吳鐵城)에게
(부록: 한국광복군에 대한 중·한 양측의 상의결정방법 초안)

1945.2.1 중

철성 비서장께

방금 전에 우리 임시정부 군무부장 김약산 동지를 만났습니다.

귀처에서 실행하기로 한 한국광복군 원조방법 초안 을(乙) 건을 우리 국무위원회에서 토론하고, 초안의 문자와 어구를 약간 수정하여 사용할 만하다고 인정되어 편지와 함께 보내드립니다.

빠른 시일에 전달해 주시어 비준을 받고 실시되게 해 주시기 바랍니다.

좋은 회답을 기다립니다.

평안을 기원합니다.

김구 올림

2월 1일

· 한국광복군에 대한 중·한 양측의 상의결정방법 을(乙) 건을 동봉해 보냅니다.

■ 한국 정부 수정안

• 한국광복군에 대한 중·한 양측의 상의결정방법 초안

1. 대한민국임시정부에 소속된 한국광복군은 조국의 광복을 목적으로
   하며, 중국 경내에 있을 때에는 반드시 중국 군대와 배합(配合)하
   여 항일전쟁에 참가한다.
2. 한국광복군이 중국 경내에서 행하는 작전행동은 중국 최고통수부의
   지휘를 받는다.
3. 한국광복군이 중국 경내에서 초모(招募) 훈련을 진행할 때에는 양
   측의 협상을 거쳐야 하고, 이에 대해 중국은 필요한 협조와 편리를
   제공한다.
4. 한국광복군에 관한 연락 접촉사항은 대한민국임시정부와 중국군사
   위원회가 파견한 대표가 협상한다.
5. 중국군사위원회에서 연락참모 약간 명을 파견하여 연락을 취하고
   광복군 사업을 협조한다.
6. 한국광복군이 필요로 하는 일체의 군비는 협상 후 차관형식으로 대
   한민국임시정부에 제공한다(단, 광복군의 경상비는 중국군대의 현
   행 급여규정에 의하여 중국군사위원회가 매월 대한민국임시정부에
   지급한다).
7. 중국의 각 포로수용소에 있는 한적 포로는 감화를 거쳐 한국광복군
   에게 넘긴다.
8. 본 방법은 양측에서 서류를 교환한 후 반포하고 준수하여야 한다.

김구(金九)가 오철성(吳鐵城)에게

1945.2.6 중

철공 비서장께

　일전 우리나라의 우수한 청년 47명이 전방 적군에서 탈출하여 부양(阜陽)을 거쳐 몇 천 리를 달려 70여 일 만에 중경에 도착하였습니다.

　그들의 말에 의하면 "우리나라 민중에 대한 일제의 잔인무도한 학대는 이미 극도에 이르렀습니다. 그들은 국내의 뜻있는 청년들을 모두 군대로 편성하여 전선에 보내어 전 조선민족을 소멸하려 하고 있어 전 민족이 의분에 가득 차 있습니다. 그들은 지난 번 미국에 체류한 한국 교포들의 방송과 중경에 와 있는 저희 임시정부의 전단을 통해 임시정부가 중경에서 동맹국 원조로 독립운동을 추진한다는 사실을 알게 되었습니다. 그리하여 전민이 기쁨에 넘쳐 잇달아 중경에 와서 봉사하고 있습니다. 지금 이 길은 이미 통하여 부양에서 명령을 기다리는 사람 50여 명, 또 노하구(老河口)에서 병을 치료하고 있던 사람 4명이 모두 오게 될 것이고 금후 연이어 끊임없이 오게 될 것입니다." 이로부터 알 수 있는바, 국내 민심이 우리 임시정부를 향한 것이 아주 명백합니다.

　그리고 오는 청년들은 다수가 대학출신으로서 모두 특기가 있습니다. 이번에 위험을 무릅쓰고 찾아오는 것은 참으로 대견한 일입니다. 다만 서쪽에서 70여 일 거쳐 오고 나니 짐이나 침구가 하나도

213

남지 않았고 또 환자도 많이 있어 치료와 구제에 돈이 많이 듭니다.

그런데 우리 정부의 경제도 아주 곤란하기에 심사숙고한 끝에 청을 드릴 수밖에 없습니다. 각하께서 이 사정을 전달하여 주시고 따로 3백만 원을 빌려주어 바쁜 고비를 넘기게 하였으면 합니다.

손꼽아 기다리겠습니다.

회답을 기다립니다.

김구 올림

2월 6일

김구(金九)가 오철성(吳鐵城)에게

1945.2.9 중

철공 비서장께

1년 동안 우리 임시정부의 집무비와 중경시 부근에 있는 수백 교포들의 생활비는 귀국 정부 장 주석 각하의 계속적 원조와 지지로 지금까지 은혜를 입어 왔습니다.

감격한 마음은 이루 말할 수 없고 그 크신 덕택도 점점 깊어지고 있으나 물가가 지나치게 올라 매달 받는 법폐 20만 원으로 수백 교포들의 생활을 유지하기가 아주 곤란합니다. 그리고 기타 정당의 지출도 있는데다가 연말이라 경제상황이 아주 곤란합니다. 이 바쁜 고비를 넘기려면 귀 당 중앙집행위원회에서 아직 채 지급하지 않은 80만 원 보조비를 주어 어려운 고비를 넘기게 해 주시기 바랍니다. 하지만 일시적 구제는 목전의 위기만을 구할 수 있을 뿐 앞으로 공적·사적인 비용은 부득불 귀 중앙의 더 깊은 원조의 손길을 바라지 않을 수 없을 것 같습니다.

여태까지 받은 원조는 보조성질에 속하지만 최근에 귀 중앙당부에서 선후로 지급하여준 1백만 원과 금후 특별 비준하는 일체 공사비는 차관의 성질로 인정하여야 하기에 임시정부에서 증명서류를 작성하여 드리겠습니다. 이 일을 취급하는 귀 기관에서는 장래 광복 후 건립된 새 정부가 금액에 따라 채무를 갚는 것이 합당하다고 생각됩니다. 이는 최근 각 동맹국에서 여러 망명정부에 경비원조를 주는 한 가지 관례로서 서로 돕고 합작하는 도덕과 정의의 원칙에 어긋나지 않는다고 생각됩니다. 이를 사실대로 전달해 주셨으면 좋겠습니다.

귀 최고통솔부에서 특별 비준을 실시한 후 국내 및 적후의 모든 활동사업비용으로 상당한 금액을 청구하여 활동 효율성을 강화할 수 있게 하고 수시로 활동사업비 법폐 1백만 원 이상을 빌려서 현 상태를 유지할 수 있게 해주시면 아주 고맙겠습니다.

평안을 기원합니다.

경비증가 차관청구예산서 한 부를 동봉해 드립니다.

제 김구 올림

2월 9일

김구(金九)가 오철성(吳鐵城)에게

1945. 2. 24 중

철공 비서장께

얼마 전 우리 정부의 정무비와 귀순한 한국 청년을 원조하는 비용을 증가하여 지급하여 주셨으면 하여 서한을 보내드렸습니다. 이를 전달해주고 비준을 받게 해주시면 고맙겠습니다.

그리고 비서장님의 말씀에는 그대로 따를 수 없다는 이유를 말씀드리지 않을 수 없어 정말로 송구스럽습니다. 저는 선생께서 지금 물가가 점점 올라서 원래의 월비 1백만 원으로 현 상태를 유지하기 어려운 이 고충을 이해해 주셨으면 합니다.

의장님의 회답이 빨리 오기를 기다립니다. 정황을 잘 알지 못하시어 오해하실 것 같아서 다시 말씀을 올립니다. 너그럽게 용서해 주시고 달마다 정무비용 4백만 원을 더 지불(전에 받은 원조금액까지 도합 5백만 원)하여 현 상태를 유지할 수 있게 간곡히 부탁드립니다.

불경스러운 점이 있었다면 달갑게 죄를 받겠습니다.

평안을 기원합니다.

제 김구 올림

2월 24일

김구(金九)가 오철성(吳鐵城)에게

1945.3.26 중

철공 비서장께

중경시의 물가가 달마다 오르고 있는데 특히 최근에는 상상밖으로 많이 올랐습니다. 저희 임시정부의 경비가 많지 않은데다 각지에서 귀순하는 인사들도 번번이 지나가는 도중에 들러서 너무 힘들어 어쩔 수 없습니다. 때문에 저번에 보낸 서한에서 매달 5백만 원으로 증가하여 내주셨으면 하고 간곡히 부탁드렸던 것입니다.

그리고 광복군 훈련반을 개설하도록 자금을 준비하여 조속한 시일에 참전하게 해 달라고 부탁하였으나 지금까지 명시가 없었습니다. 이에 어떤 용의가 있는지 몰라 무척 초조해 하고 있으니 다시 바쁜 사정을 특별히 말씀드리는 바입니다.

비서장님 덕분에 저희가 유지해 나갈 수 있게 되면 얼마나 다행이겠습니까.

평안을 기원합니다.

김구 올림
3월 26일

김구(金九)가 오철성(吳鐵城)에게

1945.3.26 중

철공 비서장께

  며칠 전 편지에서 소육린(邵毓麟) 선생이 개인명의로 미국에 체류한 한국 교포의 통일사업을 도와주시기로 하셨다는 것을 알고 감격의 마음을 금할 길이 없었습니다.

  조사하니 우리 임시정부 전임선거위원회 미국주재위원회의 위원들은 모두 미국에 체류한 각 한국 교포단체의 영수들로 구성되었습니다. 그에 망라되어 있는 인물들을 모아 통일 국면을 형성하려는 것이 저의 마음이었는데 이는 소 선생이 말씀한 의견과 부합되어 대찬성입니다.

  전보로 미국에 체류하는 각 단체에 단결하여 다 함께 국난을 이겨가도록 명령하였습니다. 그리고 또 전보로 미국주재 우리정부의 대표 이승만 박사에게 소 선생과 협상하라 하였습니다.

  오늘 여러 위원들이 그 직책을 맡았고, 소 선생도 면담하였다는 이 박사의 전보를 받고 특히 알리는 바입니다.

  평안을 기원합니다.

김구 올림
3월 26일

김구(金九)가 오철성(吳鐵城)에게

1945.4.12 중

철공 비서장께

우리나라의 각 당파를 통일하기 위하여 독립당이 발기하여 각 당파의 합동회의를 소집하는 것을 여러 측에서 다 동의하여 며칠 안에 완벽한 결과를 볼 것입니다. 또 미국의 한국 교포들도 전보로 이에 지지한다고 하였습니다. 대한민국임시정부는 중국과 미국 두 나라에 체류하는 한국 교포들을 확실하고 완전하게 연결하는 매개체가 되었습니다.

또한 우리 임시의정원 38회 개회를 맞이하여 각지에서 청년들이 빈번이 중경에 와 우리는 경비공황으로 무어라고 형용할 수 없습니다. 그런데 저번에 간절히 부탁한 500만 원을 더 지급받는 일이 여태까지 미해결로 남아 절박한 수요를 만족시킬 수 없어 특별히 편지를 보내어 부탁합니다.

사정을 잘 헤아려주시고 150만 원을 꾸어주어 바쁜 고비를 대처하게 해 주시면 후에 더 지급받는 돈을 받아서 돌려 드리겠습니다. 꼭 허락해 주셨으면 합니다.

평안을 기원합니다.

김구 올림
4월 12일

김구(金九)가 오철성(吳鐵城)에게

1945.4.18 중

철공 비서장께

요즘 물가가 오르고 우리 교포인구가 늘어나서 이미 2월 8일에 각각 하·주 두 선생과 비서장께서 이러한 사정을 사실대로 진 씨에게 전달해 줄 것을 편지로 부탁했습니다.

장 주석께서 특별히 달마다 80만 원의 돈을 더 지급하는 데 동의하였습니다. 그리하여 전후로 1백만 원의 돈을 지급받게 되었지만 몇 달이 지나도 어려움을 해결하는 자금이 도착하지 않아 그 어려움은 한마디로 말할 수 없습니다.

또한 2월 상순부터 지금까지 70여 일밖에 안 됐지만 물가가 오르는 속도가 너무 빨라 이미 5배를 초과하였습니다. 그리하여 생각 끝에 특별 서한을 올려 간곡히 부탁하는 바입니다. 이에 잘 살펴보시고 바쁜 고비를 넘길 수 있도록 도와주셨으면 합니다.

그리고 매달 생활비 문제도 빠른 시간 내에 원만한 해결을 보았으면 고맙겠습니다.

진심으로 일이 순리롭게 해결되기를 바랍니다.

복 많이 받기를 바랍니다.

제 김구 올림
4월 18일

김구(金九)가 오철성(吳鐵城)에게

1945.4.20 중

철공 비서장께

이번 달 4일에 받은 편지에서 '한국광복군 원조방법'에 관한 지시를 받았습니다.

1. 대한민국임시정부에 소속된 한국광복군은 조국의 광복을 목적으로 하며, 중국 경내에 있을 때에는 반드시 중국 군대와 배합(配合)하여 항일전쟁에 참가한다.
2. 한국광복군이 중국 경내에서 행하는 작전행동은 중국 최고통수부의 지휘를 받는다.
3. 한국광복군이 중국 경내에서 초모(招募) 훈련을 진행할 때에는 양측의 협상을 거쳐야 하고, 이에 대해 중국은 필요한 협조와 편리를 제공한다.
4. 한국광복군에 관한 연락 접촉사항은 대한민국임시정부와 중국 군사위원회가 파견한 대표가 협상한다.
5. 한국광복군이 필요로 하는 일체의 군비는 협상 후 차관형식으로 대한민국임시정부에 제공한다. 단, 광복군의 경상비는 중국 군대의 현행 급여규정에 의하여 중국군사위원회가 매월 대한민국임시정부에 지급한다.
6. 중국의 각 포로수용소에 있는 한적 포로는 감화를 거쳐 한국광복군에게 넘긴다.

앞에서 말한 여섯 조목의 방법은 금년 5월 1일부터 실시해야 합니다. 회신을 기다리겠습니다.
평안을 기원합니다.

김구 올림
대한민국 27년 4월 20일

김구(金九)가 오철성(吳鐵城)에게

1945.4.24 중

철공 비서장께

보내온 편지를 받아 보았습니다. 여러모로 도와주신 덕분에 4월부터 달마다 3백만 원을 지급받게 되어 대단히 고맙습니다.

지금 4월도 다 가는데 몇 달 동안 진 빚 독촉이 너무 다급하여 대단히 힘들게 되었습니다. 그리하여 이렇게 부탁하는 바입니다. 양찰하시고 4월에 2백만 원을 더 추가 지급해 주시고 또 미리 5월 돈 3백만 원을 타서 진 빚을 갚아 바쁜 고비를 넘기려 하니 도와주시기 바랍니다.

복 많이 받으시고 회답을 기대하겠습니다.

김구 올림
4월 24일

김구(金九)가 오철성(吳鐵城)에게

1945.4.25 중

철공 비서장께

우리나라 임시정부에서 파견하여 샌프란시스코 회의에 참석하는 대표가 시급히 떠나야 하는데 여비를 빨리 지급해 주셨으면 해서 편지를 드립니다.

지급할 때 귀국 대표에 지불하는 여비 액수대로, 우리 대표 다섯 명에게 지급하여 주어 떠날 수 있게 한다면 대단히 고맙겠습니다.

전달해 주시기를 바랍니다.

평안을 기원합니다.

김구 올림

4월 25일

김구(金九)가 오철성(吳鐵城)에게

1945.4.26 중

철공 비서장께

4월 25일 편지에 말씀드린 우리나라 대표 다섯 명이 미국으로 가는 여비문제는 두 명은 스스로 돈을 낼 수 있다 하니 세 사람의 여비만 귀국 대표의 여비 금액에 따라 빠른 시일에 지급하여 제때에 떠날 수 있도록 해 주시기 바랍니다.

회답을 기다리겠습니다.

평안을 기원합니다.

김구 올림
4월 26일

김구(金九)가 오철성(吳鐵城)에게

1945.5.8 중

철공 비서장께

이번 달 3일 마닐라의 전보를 전달해 주셔서 고맙게 받아 보았습니다. 여러 가지로 도움을 받고 심려를 끼쳐 드려 대단히 고맙습니다. 저희들의 전보도 귀 당부에서 대신 마닐라에 보내주어 귀국 영사관에서 탁문박(卓文博) 동지에게 전달해 주신다면 대단히 고맙겠습니다.

평안을 기원합니다.

김구 올림

5월 8일

김구(金九)가 오철성(吳鐵城)에게

1945.5.14 중

철공 비서장께

이번에 샌프란시스코 회의에 참석하는 저희 임시정부 대표의 여권과 노자를 해결해 주어 대단히 고맙습니다.

우리나라 대표가 미국에 가는 목적은 회의에 참석해야 할 뿐만 아니라 각국 인사들과 연락활동을 하는 것도 아주 중요하다고 봅니다. 다만 교제하는 데 쓰이는 비용은 헤아릴 수 없을 만큼 많아 귀국이 지급한 여비 외에 저희 정부에서 자비로 2만 원을 달러로 바꾸어 미국에 가서 쓰도록 우리나라 대표에게 주겠습니다.

이에 각하께서 재무부에 부탁하여 달러로 바꾸는 것을 허가해 주셨으면 고맙겠습니다.

평안을 기원합니다.

김구 올림
5월 14일

김구(金九)가 장개석(蔣介石)에게

1945.5.28 중

장 공(蔣公) 주석 각하

전일 찾아 뵙고 저희 사업을 발전시키는 데 관한 일과 지하군을 편성하는 문제에 대한 말씀을 들었는데 그 사업들은 현재 한창 진행 중이며 이미 상당한 성과를 거두고 있습니다. 뜻이 있는 청년들이 부단히 찾아와 가입하고 있으며 부양 일대에서 초조히 명령을 기다리고 있는 사람들의 숫자는 헤아릴 수 없습니다. 서안과 부양 두 곳에서는 이미 훈련반을 설립하려고 준비하고 있는데 저희들은 연맹국이나 재미 한국 교포들 가운데서 저명한 군사전문가를 청하여 적극 훈련시켜 하루빨리 전공을 이룩하려고 합니다. 이는 각하께서 도와주셔야만 가능한 일입니다. 협조해 주신 그 깊은 정의를 우리나라 인사들은 영원히 잊지 않을 것입니다. 이제 곧 사업을 시작할까 하오니 각하께서 서안과 부양 두 곳의 군정 당국에 전갈을 보내어 협조해 주도록 해 주시기 바랍니다. 성도 방면의 훈련은 귀 군사위원회에 부탁드렸는데 현재 준비하는 중이라고 들었습니다. 이에 특히 감사의 말씀을 드립니다.

옥체건강을 축원합니다.

김구 삼가 올림
5월 28일

김구(金九)가 오철성(吳鐵城)에게

1945.6.6 중

　호남(湖南)에서 온 우리나라 청년의 보고에 의하면 절강(浙江) 동부와 호남 쪽에 적군에서 탈출한 우리나라 청년들이 아주 많아 급히 부대를 편성하여 훈련시킬 것이 필요하다고 합니다. 저희 정부에서 전문인원 몇 명을 파견하여 실정을 조사하고 귀순시켜 훈련하려 합니다. 그런데 교통수단에 대해서는 이미 부탁해 놓았지만 여비와 활동비가 없어 떠나지 못합니다. 각하께서 우선 특별활동비 3백만 원을 빌려주셨으면 합니다.

　귀 당 총재 장 선생께 청하여 허락을 받으신 연후에 빌려주시어 나중에 갚도록 해 주시기 바랍니다. 이에 특히 부탁의 편지를 올리는 바이니, 널리 살펴보아 주시고 허락해 주시면 대단히 고맙겠습니다.

　평안을 기원합니다.

김구 올림

6월 6일

김구(金九)가 오철성(吳鐵城)에게

1945.6.9 중

철공 비서장께

저희 임시정부 경상보조비는 각하의 도움으로 귀 당 총재로부터 매달 3백만 원을 지급받게 되어 대단히 고맙습니다. 다만 석 달도 안 되었는데 또 심려를 끼쳐 드리게 되어 송구스럽습니다.

그렇지만 안휘(安徽), 복건(福建), 섬서(陝西), 절강(浙江), 호남(湖南), 광동(廣東), 수원(綏遠), 신강(新疆) 등지의 적군에서 탈출해 온 우리나라 청년들이 점점 많아지고 또한 각지의 포로수용소에서 저희 정부에 넘겨준 인원 수도 많고, 모두 임시정부에 원조를 청하고 있습니다. 또한 최근 중경시의 물가가 급속도로 올라서 3백만 원으로 중경에 체류하는 5백여 명 교포들의 생활도 유지할 수 없으니 이러고서야 어찌 사업을 계속 추진시킬 수 있겠습니까? 저와 여러 동인들은 줄곧 귀 당 총리와 총재의 도움을 받고 있었으니, 저희 임시정부의 열정은 꼭 귀 총재의 허락을 받을 수 있으리라 생각합니다. 이는 실로 중·한 두 민족의 백년대계에 관련되는 일입니다. 이에 특히 협조를 부탁드리는 바입니다.

동맹국이 곧 일본 본토와 우리나라 국토에 상륙할 때 저희 정부도 국내외에 있는 인민을 책동하여 동맹군 작전에 호응할 것입니다. 철혈로 자유를 획득하는 것은 본분에 속하는 일로서 가만히 앉아 우호국이 독립을 하사하기를 기다려서는 안 됩니다. 이처럼 여러 가

231

지로 대규모적인 사업을 급히 진행하여 천재일우의 기회를 놓치지 말아야 한다는 생각이 듭니다.

만약 귀 당 총재 장 선생께서 매달 정무비용 1천만 원을 지급하여 사업진행을 도와준다면 대단히 고맙겠습니다.

평안을 기원합니다.

김구 올림
6월 9일

김구(金九)가 오철성(吳鐵城)에게

1945.6.20 중

철공 비서장께

　저희 임시정부의 경상비는 줄곧 각하의 협조로 귀 당 총재 장 선생에게 사정을 전달하여 매달 3백만 원으로 더 지급받을 수 있게 되어 대단히 고맙습니다.

　다만 요즘 물가가 폭등하고 또 사방에서 귀순하는 인원들이 끊이지 않는데 3백만 원으로는 5백여 명 교포의 생활비마저 부족합니다. 우리 임시정부의 정상업무도 확대시킬 수 없어 앞날은 상상조차 할 수 없습니다. 때문에 재차 심려를 끼쳐드립니다.

　각하께서 우리 교포들의 생활비를 따로 지급하고 또 수시로 조절할 수 있게 하여 생활의 최저수요를 만족시켜 인심을 안정시킬 수 있도록 해 주시기를 요청하는 바입니다. 그 외에 정무비용, 선전비, 초대교제비 및 특별활동비 등은 달마다 빌려주시어 저희 정부가 사업효율을 높일 수 있도록 하여, 목전 우리나라 국내외에서 호전되는 정세에 대처하도록 해 주시기 바랍니다. 이는 실로 급히 처리해야 할 중요한 일이라고 생각됩니다.

　이는 최저수요의 경비를 계산하여 설명과 함께 편지로 보내오니 참고하시기 바랍니다. 자세히 알아보시고 일이 성사되게 도와주신다면 대단히 고맙겠습니다.

　평안을 기원합니다.

김구 올림

6월 20일

· 경비개산(經費槪算) 한 장을 동봉해 보냅니다.

■ 경비개산

1. 교포생활비: 달마다 3백만 원을 지급받는데 이는 물가파동에 따라 조절하여 더 지급받는다.
2. 정무비용: 달마다 지급받는 7백만 원은 이렇게 나눈다.
   a. 각 부의 사무비 및 기타 항목을 합계하여 5백만 원으로 계산한다.
   b. 선전비는 1백만 원으로 한다.
   c. 교제 초대비용은 1백만 원으로 한다.
3. 특별활동비용: 수시로 일이 생길 때마다 서류를 작성하여 빌려쓴다.

김구(金九)가 오철성(吳鐵城)에게

1945.6.22 중

철공 비서장께

지난번에 편지로 특별활동비용 3백만 원을 빌리는 문제를 말씀드렸는데, 각하께서 대신 전달해 주셔서 고맙기 그지없습니다.

어제 벌써 여러 사람을 파견하여 전선에 가서 공작하게 한 것 외에 아직도 몇 명의 동지들이 돈을 받아 출발하려 하기에 특별히 편지로 각하께 부탁하여 귀 부에서 먼저 1백만 원을 빌려주는 것을 허락해주시어 저희 동인들이 일할 수 있도록 해 주시기 바랍니다.

이 돈은 저희가 빌린 3백만 원이 도착하는 대로 돌려 드리겠습니다.

재차 심려를 끼쳐드려서 대단히 미안합니다.

회답을 손꼽아 기다립니다.

김구 올림

6월 22일

김구(金九)가 청평(靑萍) 소쟁(蕭錚)에게

1945.7.5 중

청평 형님께

금방 만난 것 같은데 벌써 멀리 떨어져 있게 되었으니 허전한 마음 비길 데가 없습니다. 정일 형이 또한 편지를 보내 와서 제 형의 최근 상황에 대해 안부를 묻고 또 여러모로 보살펴 주어서 감사한 마음을 뭐라고 표현하면 좋을지 모르겠습니다. 고락을 같이하는 의리로 시종 지원을 해 주셨으니 다만 한없이 감격할 뿐입니다. 정일 형과 만나는 날 다시 얼굴 뵙고 말씀드리려 합니다.

건강하십시오.

제 김구 올림
7월 5일

김구(金九)가 오철성(吳鐵城)에게

1945.7.10 중

철공 비서장께

저희 정부의 호북, 호남, 안휘, 광서, 복건 등지의 인원들은 급히 파견하여 귀국의 여러 작전구역 반공전의 전장과 적후로 보내야 하고 또 각지에서 빈번히 전보가 와서 업무비용을 재촉하므로 전에 귀 부에서 특별업무비로 빌려주기로 한 3백만 원을 각하께서 협조하셔서 하루빨리 지급하여 주셨으면 고맙겠습니다.

정부의 정무비용 문제도 빨리 해결하여 여러 사람들의 마음을 안정시켰으면 대단히 고맙겠습니다.

평안을 기원합니다.

김구 올림
7월 10일

김구(金九)가 오철성(吳鐵城)에게

1945.7.12 중

철공 비서장께

이번 귀국의 호남, 호북의 전선이 뒤로 전이한 후 투항해온 우리 나라 사람 병사 37명이 남온(南溫) 군정부 포로수용소에 도착하였는데, 그들 중 병으로 앓고 있는 사람이 아주 많아 저희 정부에서 이미 교섭하여 접수하고 있는 중입니다.

이 청년들은 급히 치료를 받아야 하고, 또 군대로 편성해 훈련을 시켜야 하는데 이에 돈이 많이 필요하여, 각하께 특별히 편지를 드려 귀 부에서 먼저 특별요금 3백만 원을 빌려주시어, 빨리 그들을 치료하고 군대편성 등을 진행할 수 있게 해 주시면 대단히 고맙겠습니다.

평안을 기원합니다.

김구 올림
7월 12일

김구(金九)가 군사위원회 정치부장에게
(한국 국적의 사병을 넘겨줄 것에 대한 요청)

1945.7.16 중

삼가 올립니다.

저희 정부는 최근에 적군 중의 한국 국적 사병과 적후의 우리나라 청년들이 날로 많이 돌아오므로 귀국 군사위원회와 군정부에 요청하여 각 전역에서 금후 스스로 찾아들어 오는 우리나라 청장년들에 대해서는 포로로 대하지 말고 바로 부근의 한국광복군 소속부대에 넘겨주거나 직접 광동성에 있는 저희 임시정부에 넘겨주어서 훈련을 진행한 후에 한국광복군 각 소속부대에 보내서 복무하게 하도록 하였습니다. 편지를 보낸 후 답장에서는 이 요청에 동의한다 하였고, 또 각 전투지에 영을 내려 실행하도록 한다고 하였습니다. 호남성 자흥현(資興縣)에 있는 저희 공작원이 보낸 보고서에 따르면 "지난해 연말에 우리나라 청년 최덕휴(崔德休) 등 열두 명이 적군으로부터 탈출하여 가귀(加貴) 제9전투지에 이르렀는데, 포로영(捕虜營)으로 보내야 할 것이 마땅하나, 다행히 그 전투지 장관부 정치부 주임 서중악(徐中岳) 동지의 조정을 거쳐 그 중 열 명은 풀려나와 그 관할구역 내에 있는 사부(師部) 정치부에 가서 복무하게 되었으나 그 밖의 두 명은 불행히 옥중에서 목숨을 거두었다고 합니다." 우리나라 청년들이 귀 사부에 가서 다소 의무를 다하는 것은 마땅히 해야 할 일이지만, 그들은 모두 학생시절에 핍박에 의해 끌

려나와 중국에 온 것이니 중국의 언어나 습관에 대해 모두 생소한 형편입니다. 그러니 억지로 복무하게 하더라도 별로 성적이 없을 것이니 그들, 그리고 혹 새로 온 자가 있다면 모두 중경에 보내어 저희 정부가 훈련을 진행한 후 군복무를 시키게 한다면 더욱 합당할 것이라고 생각합니다. 이에 특히 서한을 드리니 자세히 살펴보시고 명령을 내려 해당 전투지 정치부에서 최덕휴 일행을 전부 이곳으로 보내어 저희 정부에서 다시 그들을 적합한 곳으로 보내게 해 주시기 바랍니다.

대중화민국 군사위원회 정치부 부장 장(張)
대한민국 임시정부 주석 김구 올림
7월 16일

김구(金九)가 오철성(吳鐵城)에게

1945.8.3 중

철공 비서장께

귀국 군사위원회 및 미국 측의 협조로 서안과 입황(立煌) 등지에 개설한 광복군 훈련반 제 1기가 졸업할 수 있게 되었습니다. 그리고 지금 성도(成都) 훈련반도 개설을 준비하고 있습니다. 짧은 기간에 여러 지방에서 모두 성과를 얻었습니다.

저는 며칠 안으로 각지에 가서 시찰하고 훈화로 격려할 것입니다. 오가는 시간이 약 1주일 정도 걸립니다. 이에 대해 삼가 알려드려 양찰하여 주시면 고맙겠습니다.

평안을 기원합니다.

김구 올림
8월 3일

김구(金九)가 오철성(吳鐵城)에게

1945.8.26 중

철공 비서장께

일전에 만나 뵙고 유익한 말을 많이 들었습니다.

저희 임시정부는 동맹군과 함께 귀국하면서, 간부를 파견하여 귀군이 적군 중의 우리나라 포로들을 접수하여 군대를 재편성하는 사업을 협조하려 합니다. 이에 따른 장비, 운수 등 여러 비용이 아주 많이 들어서 편지로 간곡히 부탁하는 바이니 양찰하시고 법폐 5천만 원을 빠른 시일에 빌려 주셔서 바쁜 고비를 넘기게 해주시면 고맙겠습니다. 우리나라는 귀국의 협조를 수 년 동안 받아 오늘의 결과를 보았는데 이는 한국의 전체 민중이 대단히 감사해 하는 바입니다.

이번의 간곡한 부탁도 이전처럼 언제나 들어주셨으면 대단히 고맙겠습니다.

평안을 기원합니다.

김구 올림
8월 26일

김구(金九)가 오철성(吳鐵城)에게

1945.9.12 중

철공 비서장께

지난 번 임시정부의 사업에 많은 도움을 주셔서 대단히 고맙습니다.

우리나라 여론과 실정으로 보아 제가 하루빨리 귀국해야 하겠기에 여러 부문과의 상담을 거쳐 며칠 뒤에 비행기를 타고 귀국하게 되었습니다. 떠나기 전에 꼭 귀 당 총재 장 선생을 만나 뵙고 작별 인사를 나눔과 동시에 앞으로의 대계(大計)에 대해 청시하고 이때까지 협조해 주신 데 대해 사의를 표하여 손님의 예를 다하려 합니다. 대신 말씀드려 주시어 떠나기 전에 만나 뵐 수 있게 해 주시면 감격해 마지않겠습니다.

그리고 우리나라 교포 550명이 중경에 있는 여러 해 동안 귀국의 도움으로 생활을 유지하게 해주셔서 정말 감사합니다. 요즘 뱃길이 열려 선박이 통한다는 소식〔최근 삼북공사의 장신륜(長新輪)이 며칠 안으로 출항한다는 소식이 있음〕을 들었습니다.

이에 귀국에서 저희한테 귀국할 여비를 지급해 주시고, 또 선박 관리 부분에 명령하여 선박 좌석 550석을 주도록 하여 한 번 혹은 몇 번에 나누어 떠나게 해 주시어, 제가 떠난 다음에 책임지는 사람이 없어도 혼란이 빚어지는 일이 없도록 해 주시기 바랍니다. 이상의 사정을 양찰하시고 쾌히 해결해 주셨으면 합니다.

회답을 손꼽아 기다립니다.

김구 올림

9월 12일

김구(金九)가 원정(元靖) 하국광(賀國光)에게

1945.9.12 중

원정 주임께

임시정부의 사무에 대하여 많은 힘을 기울여 주시고 많은 배려를 해주시어 고맙기 그지없습니다.

우리나라 여론과 실정으로 보아 제가 하루빨리 귀국해야 하겠기에 여러 부문과의 상담을 거쳐 며칠 뒤에 비행기를 타고 귀국하게 되었습니다. 떠나기 전에 꼭 귀 당 총재 장 선생을 만나 뵙고 작별 인사를 나눔과 동시에 앞으로의 대계(大計)에 대해 견해를 요청하고 이때까지 협조해 주신 데 대해 사의를 표하여 손님의 예를 다하려 합니다. 대신 말씀드려 주시어 떠나기 전에 만나 뵐 수 있게 해 주시면 감격해 마지않겠습니다.

그리고 우리나라 교포 550명이 중경에 있는 여러 해 동안 귀국의 도움으로 생활을 유지하게 해주셔서 정말 감사합니다. 요즘 뱃길이 열려 선박이 통한다는 소식〔최근 삼북공사의 장신륜(長新輪)이 며칠 안으로 출항한다는 소식이 있음〕을 들었습니다.

이에 귀국에서 저희한테 귀국할 여비를 지급해 주시고 또 선박관리 부분에 명령하여 선박 좌석 550석을 주도록 하여, 한 번 혹은 몇 번에 나누어 떠나게 해 주시어, 제가 떠난 다음에 책임지는 사람이 없어 혼란이 빚어지는 일이 없도록 해 주시기 바랍니다. 이상의 사정을 양찰하시고 쾌히 해결해 주셨으면 합니다.

회답을 손꼽아 기다립니다.

김구 올림

9월 12일

김구(金九)가 연합장로협회에게 (전보)

1945.9.16 영

　　한국민들은 대한민국임시정부가 한국으로 환국하기를 열망하고 있습니다. 또한 매주 월·수·금요일에 중경에서 방송되는 한국어 방송에서도 귀 협회가 이러한 열망을 언급해 주시기를 희망합니다. 각기 45분간 방송되는 〈Chunking Time Shortwave〉에서는 이 세 쟁점이 직접 언급되기를 원합니다.

김 구

김구(金九)가 장개석(蔣介石)에게

1945.9.18 중

장 공 주석 각하

드린 편지는 이미 보셨으리라 생각합니다. 이번에는 미군이 우리 나라 서울에 주둔하게 된 후 국내 치안질서가 점차 회복되고 있으며 한국 사회의 명망 높은 지사들도 국민대회를 소집하고 저희 임시정부를 재촉하여 하루빨리 귀국할 것을 요구하고 있습니다. 하지만 통신이 원활하지 못한 관계로 국내의 정황에 대해서는 아직 잘 알지 못하는 형편입니다. 저는 신중을 기하기 위하여 먼저 대원 한 명과 수행인원 약간 명을 파견하여 입국하게 한 후 연락을 취하고 기타 정황도 알아보게 할 예정입니다. 저희 정부인원(중요한 임직원)은 모두 19명인데 다시 한두 팀으로 나누어 입국하게 하여 국내와 연계하게 하고, 그 사이 채 마무리 짓지 못한 사무와 교민들을 국내로 돌아가게 하는 등의 업무는 대표 한 명과 보좌인원 약간 명을 파견하여 중경에 머물면서 처리하도록 할 예정입니다. 이에 특히 서신을 보내는 바이니 각하께서 이미 하달하신 제반 사항에 대해 자세히 검토해 보시고 조목에 따라 정리하시기 바라며, 자세한 검토를 거쳐서 이 일이 성사되도록 해 주시면 더없이 고맙게 생각하겠습니다.

김구 삼가 올립니다.
9월 18일

■ 요구사항

1. 먼저 파견 입국하는 인원 명단: 조소앙, 수행인원 엄대위(嚴大衛),
   김영갑(金英甲).
   이상의 인원들은 개인의 자격으로 입국하여 미국 측과 협상하여 그
   쪽의 승낙을 받은 후 중경에서 비행기로 서울에 간다.
2. 중경에 머물러 뒤처리를 하는 인원명단: 복순(濮純), 민석린(閔石麟).
   이상의 인원명단은 당정 유관기관에 통지하여 연락할 수 있도록 해
   주셨으면 합니다.
3. 지난 번 편지에서 법폐 5천만 원을 빌려주실 것을 청한 바 있사온데
   요긴한 일에 급히 쓰려고 기다리고 있으니 빠른 시일 내에 보내주
   셨으면 좋겠습니다.

▪ 부: 임시정부 입국 후 진행할 정책
   1) 국외 임무를 완성하고 국내 임무를 시작하는 이 교체의 단계에서
      는 반드시 과도적 조치를 취해야 한다. 즉, 범국민 총선거제를
      실시하여 정식으로 민주정권을 설립하기 전에는 잠시 국내의 과
      도정권을 설립해야 하기 때문에 적극적으로 노력하여 국내외 각
      계층, 각 혁명 당파, 여러 종교집단의 지방대표 및 민주 지도자
      들을 소집하여 회의를 열고 임시정권을 설립한다.
   2) 국내에 과도정권이 설립되면 본 임시정부의 임무는 완성된 것이
      므로 모든 직권을 과도정권에 넘겨주기로 한다.
   3) 국내에서 설립한 정식정권은 반드시 독립국가의 민주정치 균등사
      회를 실현하는 것을 원칙으로 하는 새 헌법에 근거하여 이루어져
      야 한다.
   4) 국내에 과도정권이 설립되기 전까지 모든 국내 질서와 일체 대외
      관계에 관한 문제는 모두 본 임시정부가 책임지고 유지한다.

김구(金九)가 오철성(吳鐵城)에게

1945.9.22 중

철공 비서장께

어제 저녁 후방 근무부대에서 곤명(昆明)으로부터 사람을 파견하여 우리나라 여성 22명, 남자아이 1명, 모두 23명을 데리고 중경에 와 잠시 임시정부에 남아 있는데 의복과 숙박이 큰 문제가 되고 있습니다.

또 오늘 남온천(南溫泉) 수용소에서 석방된 우리나라 청년 12명을 이미 사람을 파견하여 접수하였습니다. 오후에 또 귀국 군통국(軍統局)에서도 사람을 파견하여 별동대(別動隊)에 귀순한 우리나라 청년 21명을 넘겨와 모두 56명이 되어 방도를 강구하여 따로 안배하였지만 그 밖에도 당장 필요한 경비가 엄청나게 모자란 상태입니다.

각하께서 방법을 마련하여 먼저 5백만 원을 빌려줌으로써 바쁜 고비를 넘기게 하였으면 합니다. 아주 급하니 빨리 해결하여 주시면 대단히 고맙겠습니다.

회답을 손꼽아 기다립니다.

김구 올림
9월 22일

김구(金九)가 오철성(吳鐵城)에게

1945.9.24 중

철공 비서장께

  미국 군대가 서울에 주둔한 후 국내 치안은 점차 회복되고 사회의 유망지사들이 국민대회를 소집하여 우리 임시정부가 우선적으로 귀국할 것을 요구하고 있습니다. 그러나 아직 통신이 원활하지 못하여 내부 상황을 분명히 알지 못합니다.

  신중을 기하기 위하여 우선 요원 한 명과 수행원 몇 명을 파견하여 먼저 입국하여 연락을 취함과 동시에 상황을 파악하도록 한 후에 임시정부의 나머지 인원 도합 20명이 한 번 혹은 두 번에 나누어 귀국하려 합니다.

  이 사이에 끝내지 못한 사무와 교포를 운송하는 일은 대표 한 명과 도와주는 사람 몇 명을 중경에 머물러 처리할 수 있게 하려고 합니다. 이에 특히 편지를 드려 각하께서 내린 결정과 명령에 대해 정리하는 바이니 심의해 보시고 도와주시기 바랍니다.

  평안을 기원합니다.

김구 올림
9월 24일

■ 요구사항

1. 먼저 파견 입국하는 인원명단: 조소앙, 수행인원 엄대위, 김영갑.
   이상의 인원들은 개인의 자격으로 입국하여 미국 측과 협상하여 그
   쪽의 승낙을 받은 후, 중경에서 비행기로 서울에 간다.
2. 중경에 머물러 뒤처리를 하는 인원명단: 복순, 민석린.
   이상의 인원명단은 당정 유관기관에 통지하여 연락할 수 있도록 해
   주셨으면 합니다.
3. 임시정부가 입국한 후 진행하여야 할 일:
   우선 중·미·영·소 4국과 협의하여 국내외 각 계층, 각 혁명 당
   파, 각 종교집단, 각 지방대표 및 유지 등을 소집하여 과도정권을
   수립하고 임시정부의 사무를 넘겨준 후 전국 국민대회를 소집하여
   보통선거를 진행함으로써 중·미 두 나라와 어울리는 정식적 민주
   정부를 건립한다.
   (임시정부 당면정책을 참고해 주십시오.)

김구(金九)가 장개석(蔣介石)에게

1945.9.26 중

장 주석 각하께 삼가 알려드리옵니다. 광폭한 일본이 투항하고 평화롭고 행복한 새로운 시대가 곧 오게 되었습니다. 저희 독립당 동인들은 귀 국민당의 뒤를 따라 광복운동을 진행한 30여 년간 줄곧 사랑과 도움을 받아왔거늘 그 감격의 마음을 어찌 말로 다 표현할 수 있겠습니까? 조금만 방심하여도 바로 잃을지도 모르는 이 천재일우의 기회를 맞이하여, 귀 당이 시종 유일하게 시간을 아껴서 최후의 목적을 이루는 데 힘을 다하기를 더욱 간절히 바라는 바입니다. 이에 몇 가지 일을 청구하오니 살펴보시기 바랍니다.

1. 국내의 민중들은 해방을 이룩한 후 집회는 무수히 많으나 뭇용에 우두머리가 없는 형국이어서 질서가 몹시 혼란스럽습니다. 게다가 북한이 이미 소련의 지지를 받아 인민위원회를 설립하였으므로 국내외의 민중들은 저희 임시정부가 속히 국내로 돌아가 통일을 주재하기를 더욱 간절히 바라고 있습니다. 저희들은 귀 당이 미국의 동의를 받아 '형식과 명의에 상관없이' 중경에 있는 저희 당 동인들을 비행기로 입국할 수 있게 도와주시길 바랍니다. 만약 불편하시다면 먼저 비행기로 상해까지만 운송해 주고 다시 상해에서 배를 타고 입국(독립당 인원들이 우선 입국하게 하여 주실 것을 바랍니다) 하게 하여 주셨으면 좋겠습니다.

2. 저희 임시정부는 국제상 승인을 받지는 못했지만 1년 가까이,

특히 귀국에서는 사실상의 정부로 대우해 주셨으니 그 감격의 마음을 이루 다 표현할 수 없습니다. 현재 국내 형세가 만분긴박(萬分緊迫) 한 시기를 당하였으니 귀 당에서 미국 정부와 협상하여서 적어도 저희 임시정부를 비공식적인, 혁명적 과도정권으로라도 인정하여 국내로 보내주도록 해주시고 동맹국의 협조하에 각 대표들을 소집하여 과도정권을 확대하고 정비하여 민중이 선거한 정식 민주정부를 성립할 수 있도록 도와주시기 바랍니다.

3. 중국에 있는 한국인의 수가 약 400만 명에 달해 그 중에서 약 300만 명이 동북에 있는데, 옥돌과 기와가 섞여 있는 격이라 나쁜 사람의 앞잡이가 되어 나쁜 공작을 하는 사람도 없지는 않습니다. 바라건대 수복지역 군정장관들한테 명령을 내려 수괴를 엄히 벌하고 수종들은 너그러이 용서하여 회유정책을 펼치시기 바랍니다. 이들 가운데서 저희들이 가장 고민하는 것은 동북의 각 성에 흩어져 있는 한인 이색분자들입니다. 그들은 동북지역을 다시 건설하고 한국의 새 시책을 시행하는 것을 교란하고도 남음이 있는 자들입니다. 그들에 대해서는 특별기관을 따로 부설하여 대처해야 할 것입니다. 우리 두 당의 유능한 사람들은 서로 돕고 합작하여 사고를 미연에 방지해야 할 것입니다.

4. 중국국민당과 한국독립당은 실로 영원히 합작할 필요가 있습니다. 두 당이 부흥하는 이 새로운 시기에 준하여 두 당은 서로 약속하고 대표를 파견하여 연락함으로써 영원한 우의를 이어나가도록 할 것을 건의합니다.

5. 적군들 속에 있는 한국 국적을 가진 사병들은 무장을 해제한 후에 한국광복군에게 맡기어 건국시기의 골간부대로 편입시키게 해 주시기 바랍니다.

6. 중경시에 거주하는 우리나라 교민들은 백 명 이상입니다. 교

통당국에 지시를 하달하여 속히 배에 태워 일차적으로 모두 귀국
하게 하여 주시기 바랍니다.
7. 현재 국내외 형세가 급박하고 여러 가지 일을 처리해야 하므
로 도처에 돈이 필요하여 재정이 아주 곤란합니다. 이에 부득이
하게 귀국 정부한테 대출을 부탁하오니 중화민국 화폐 3억 원을
빌려 주시어 경비로 쓰게 해 주시기 바랍니다.

이상 일곱 가지는 중요한 일이기에 각하께서 오랫동안 맺어온 숭
고한 우정을 생각하여 흔쾌하게 성사시켜 주시기 바랍니다. 저희들
은 절박한 심정으로 각하의 답장을 기다리고 있을 것입니다.
건강하시기 바랍니다.

김구 올림
9월 26일

김구(金九)가 오철성(吳鐵城)에게

1945.10.7 중

철공 비서장께

　며칠 전 각하께서 장수현(張壽賢) 비서 동지를 파견하여 저희 동료들이 귀국하는 문제에 관한 사항을 알려주어 잘 들었습니다.

　귀 당 총재의 깊은 배려를 받고 또 각하와 여러 방면의 협조에 의지하여 다음과 같은 요구를 알려드립니다.

1. 저희 임시정부 부장급 이상의 인원 및 수행비서 경비원 도합 29명의 중요한 문서 가죽트렁크 십여 건 및 몸에 지니는 긴요한 행장 등을 검사하고 대형 수송기 한 대 혹은 두 대를 파견하여 잃어버리지 않도록 수송해 주십시오.

2. 귀 당 총재 장 선생의 지시에 의하면 요원을 파견하여 같이 가도록 하셨는데 대단히 환영합니다. 빠른 시일 안에 파견하는 사람의 명단을 주어 연락하게 하였으면 좋겠습니다.

3. 저희 임시정부 인원이 귀국하는 데 급히 필요한 장비를 준비하려면 돈이 아주 많이 필요합니다. 그리하여 부탁하는데 심사하신 후에 귀국 인원의 장비 및 여비로 법폐 5천만 원과 귀국 활동비를 달러로 50만 원 지급해주면 이로 인해 일을 그르치지 않을 것입니다.

4. 중경에 있는 인원 및 교포들의 사후처리는 저희 임시정부가

복순, 민석린 두 동지를 파견하여 책임지고 귀 당 귀 정부와 연계
사항을 협상하여 교포 귀국에 관한 일체 사무를 처리할 것입니
다. 양찰하시고 협조해 주십시오.

5. 저희 동료들이 귀국한 후 귀 당과의 긴밀한 합작과 연계를 영
구 보존하기 위하여, 무선전신기 한 대를 지급하여 주시면 국내
로 돌아가 서로 통신할 수 있으면 합니다.

6. 저번에 장 선생을 만나 뵙고 떠나기 전에 다시 접견해 주신다
는 지시를 받았습니다. 이에 저는 떠나기 전에 다시 접견해 주실
것을 부탁합니다. 소견 날짜를 알려주시고 직접 만나 작별인사를
함과 동시에 여러 해 동안의 배려에 감사드리려 합니다.

이상의 여섯 조목은 모두 긴요한 것이므로 각하께서 부디 심려하
여 주십시오.

감당하기 어려운 만큼 중요한 일이니 특별히 글을 올립니다.

평안을 기원합니다.

10월 7일

김구(金九)가 장개석(蔣介石)에게

1945.10.10 중

　장 공 총재 각하

　오늘 귀국의 항전 승리 후 처음으로 맞는 국경일을 맞아 저는 저희 당을 대표하여 열렬한 축하의 정을 삼가 표시하는 바입니다. 지난 8년 동안 귀국의 전국 민중은 각하의 지도하에 간난신고를 겪으면서도 탁월한 용맹을 발휘하여 의로운 싸움을 벌였습니다. 바로 그 높이 걸린 정의의 깃발 때문에 그토록 많은 사람들의 지지를 받았고, 최후의 전면적 승리를 거둘 수 있었다고 생각합니다. 지금 전국 인민들이 다 기쁨에 들끓고 있고 모든 사람들이 각하의 영명과 예지, 그리고 충정과 용맹을 칭송하고 있습니다. 우리나라는 오랫동안 정의로운 우정과 사랑을 받아왔기 때문에 더욱 감격의 마음을 갖고 있습니다. 이 좋은 날을 맞이하여 더욱 기쁨과 감사한 마음을 금할 길이 없으므로 전보로 삼가 축하의 마음을 전하는 바입니다.

　건강을 빕니다.

한국독립당 중앙집행위원장 김구 올림
10월 10일

김구(金九)가 오철성(吳鐵城)에게

1945.10.10 중

철공 비서장께

수십 년 동안 우리들은 귀 당에 의지하여 민중을 영도하여 민족을 부흥시켰습니다. 이 위대한 업적은 역사에 길이 남을 것입니다. 오늘, 항전이 승리를 이룩하고 귀국 또한 국경의 날을 맞이하여 이는 정말 열렬히 축하하여야 할 일입니다.

우리 임시정부도 귀 당의 협조하에 국가독립과 민족해방을 이룩하였습니다. 이에 저는 정부를 대표하여 충심으로 감사를 표시함과 동시에 숭고한 경의를 표시합니다. 귀 당 총재께도 경의를 표합니다.

양찰하시고 전해 주십시오.

한국독립당 중앙집행위원장 김구 올림

10월 10일

김구(金九)가 오철성(吳鐵城)에게

1945.10.23 중

철공 비서장께

지금 월말을 맞이하여 11월의 경비와 교포 생활비를 지급하려 하나 매달 3백만 원의 경비로는 부족하여 어쩔 수 없어 11월, 12월의 경비까지 다 미리 써버린 상황입니다.

그리하여 각하께 1, 2월분의 경비 6백만 원을 먼저 보내주어 교포들의 생활을 안정시키게 해 주셨으면 좋겠습니다. 저희 임시정부의 인원들은 곧 귀국하게 되기에 교민들의 불안은 더욱 커지고 있습니다. 부디 해결해 주십시오.

평안을 기원합니다.

김구 올림

10월 23일

김구(金九)가 오철성(吳鐵城)에게

1945.10.31 중

철공 비서장께

귀 당에서 비행기를 파견하여 배웅해 주어 대단히 고맙습니다.

저희들은 상해에 도착한 후 미국 비행기로 바꿔 타고 귀국하게 됩니다. 이 동안 시간은 길지 않지만 숙박문제로 아주 불편합니다.

그리하여 부탁하는데 각하께서 전(錢) 시장한테 분부하셔서, 상해에 도착한 후 사람을 파견하여 약 40명의 숙박소를 수고스러운 대로 해결하여 주셨으면 대단히 고맙겠습니다.

평안을 기원합니다.

김구 올림
10월 31일

김구(金九)가 중국국민당 중앙비서처에

1945.11.1 중

삼가 올립니다.

저희 임시정부 제 동인들은 이미 조국으로 돌아갈 날을 정하였습니다. 사후 교민문제에 대한 뒷수습 및 귀국과 협상할 제 문제에 관해서는 주화대표단을 결성하여 책임지고 처리하게 하는 것이 좋을 것 같습니다. 저희들은 신중하게 고려한 결과 복순(濮純) 동지를 단장으로, 이청천(李靑天), 민석린(閔石麟) 등 동지를 대표로 파견하기로 결정하였습니다. 주화대표단은 이미 11월 1일에 정식으로 성립되었으니 상세한 내용은 유관 서한을 확인해보시고 협조하여 주시기를 부탁드립니다.

중국국민당 중앙비서처에 올립니다.

대한민국임시정부 국무위원회 주석 김구
대한민국 27년 11월 1일

김구(金九)가 오철성(吳鐵城)에게

1945.11.2 중

철공 비서장께

이번에 귀 당에게서 많은 지원을 받아 조국으로 돌아가게 되었으니 그 고마움을 표현할 길이 없습니다. 저희가 귀국한 후의 활동은 중·미 두 우방과의 약속을 존중하고, 미국 군정부의 현행 규약을 어기지 않는 전제하에 수시로 미국 군정부를 협조하여, 국민을 통일하기 위해 힘써 자주적이고 독립적인 새로운 민주국가를 건립할 것입니다.

이에 성명을 발표하여 저희들의 입장을 밝히는 바입니다. 미국 군정부에 전달해 주시면 고맙겠습니다. 평안을 기원합니다.

회답을 기다리겠습니다.

제 김구 올림
11월 2일

김구(金九)가 오철성(吳鐵城)에게

1945.11.3 중

철공 비서장께

11월 2일 편지와 별서를 올려 감사의 마음을 표시합니다. 무전기와 기술인원을 보내주어 제가 전용하게 해주셔서 대단히 고맙습니다.

각하의 분부대로 요원 왕영생(汪榮生), 대장 육사행(陸思行), 전보업무인원 유용치(劉龍治) 등 세 명 동지에 대하여 제가 책임지고 넉넉한 보조금을 발급하여 그들이 시름 놓고 사업할 수 있게 하겠습니다.

이에 특별히 회답을 써서 다시 감사의 마음을 표시하는 바입니다. 편안하시기를 바라며 평안을 기원합니다.

제 김구 올림
11월 3일

김구(金九)가 오철성(吳鐵城)에게

1945.11.3 중

철공 비서장께

여러 해 동안 선생 덕분에 우리 임시정부의 여러 가지 사무는 협상을 통하여 잘 유지되고 해결을 보았습니다.

저희 일행이 곧 귀국하게 되어 다시 편지를 올리는 바입니다. 일전에 너무 과분한 사랑으로 송별회까지 해주어 그 감사한 마음은 형언할 수 없습니다.

오늘 떠나는 길이 창졸하여 작별인사를 할 겨를이 없어 대단히 죄송합니다. 그러나 저의 석별의 마음을 문장에 다 담을 수 없습니다. 사진 한 장을 선사 받을 수 있겠습니까? 기념으로 남기고 싶습니다.

금후의 협상사항은 복순, 이청천, 민석린 등 동지들이 책임지고 해결할 것입니다. 조사를 흔쾌히 협조해 줄 뿐만 아니라 시간까지 많이 내주어 대단히 감사합니다.

평안을 기원합니다.

사진 한 장을 함께 부칩니다.

김구 올림
11월 3일

조선 혁명 지도자들이 귀국하는 것을 환송하며
(대한민국임시정부 환송연: 오철성 비서장 연설)

1945.11.4 중

　　우리 중국과 한국 두 나라는 지리상으로 인접하여 있는 동아시아의 문명고국입니다. 주무왕 13년, 즉 기원전 1122년에 기자가 조선에 봉해진 때로부터 지금까지 이미 3천여 년의 역사가 흘렀습니다. 그동안 우리 중·한 두 나라의 관계는 그야말로 친밀하여 수족과 같았으며 3천여 년의 역사교류를 거쳐 중·한 양국은 혈통에서나 문화·사상, 신앙과 도덕관념, 심지어는 풍속과 습관에서까지도 서로 융합되고 교차되어 거의 다른 바 없이 되었으니 중·한 두 민족은 한 개 민족에서 갈라져 나온 두 개 민족과 유사하다고 말할 수 있을 것입니다. 우리나라 총리께서는 일찍이 귀국 혁명 선열이신 신규식 선생께 "중·한 두 나라는 같은 문화에 같은 종족이며 원래부터 형제의 나라였습니다"라고 말씀하신 적이 있습니다. 이 말은 우리 두 나라의 관계가 결코 일반적인 국제관계가 아니라는 것을 충분히 설명하고도 남음이 있을 것입니다.

　　중·한 양국은 형제의 나라이기 때문에 국제관계에서도 두 바퀴가 서로 의지하듯이, 입술과 이가 서로 의지하듯이 슬픔과 기쁨을 같이할 수 있었으며 이해와 득실을 같이할 수가 있었던 것입니다. 바로 그랬기에 우리는 간격이 없는 사이로 깊은 우정을 키워올 수가 있었으며 같이 합작하고 고난을 같이하며 생사를 같이할 수가 있었습니다. 우리 중국은 이 점을 깊이 알고 있었기 때문에 과거에도 한국이 외적의 침입을 맞을 때면 서슴없이 팔을 걷어붙이고 나서서 도움이 되어줄 수 있었던 것입니다. 명나라 때와 청나라 말 갑오전쟁 시기에 한국을 원조한 일은 바로 그 생생한 예라고 할 수 있습니다.

우리 중·한 두 나라의 공동한 적은 바로 배은망덕한 일본입니다. 우리 중·한 두 나라와 비길 때 일본은 그야말로 야만적이고 낙후한 민족이었으나 우리 두 나라의 유도와 계발을 거쳐서 뒤늦게 개화하기 시작하였던 것입니다. 그러나 그들은 시종 흉포한 야심을 버리지 못하고 깃털이 차츰 풍성해지기 시작하면서 곧 중·한 두 나라를 이간시키고 중·한 두 나라를 침략하는 것을 저들의 국책으로 삼곤 하였습니다. 명나라 신종 때 일본 도요토미 히데요시(豊臣秀吉)는 군대를 휘몰아 한국을 침략하여 조선 팔도를 유린하고 참혹한 만행을 감행하였습니다. 진주 한 지방만 하더라도 "군사와 백성이 살해된 수가 팔만에 이르렀으며 서울에 쌓인 시체 더미는 성벽보다 몇 길이나 더 높았다"라고 하지 않습니까. 명나라 조정은 여러 차례에 걸쳐 정의의 군사를 조선으로 보내어 지원하였는바, 사망자 수가 십만에 이르렀고 사용한 군비는 수백만에 달하여 명나라 군대의 원기는 크게 상하였습니다. 그 결과, 청나라 군대의 공격을 막아낼 힘이 없어 결국 멸망하게 되었던 것입니다. 이런 도의 도덕과 정의를 중하게 여기고 이해득실을 따지지 않는 의협심은 국제관계에서 보기 드문 것입니다.

청나라 말기의 갑오중일전쟁 역시 일본이 한국을 삼키려 하는 것을 중국이 보고만 있지 않으려 하여 일어난 것이었습니다. 그때 만약 중국이 싸워 이겼더라면 근 반세기에 달하는 동아시아 역사는 자연히 그 모습을 달리하였을 것이며, 중·한 두 나라는 자연히 줄곧 '형제가 한마음이 되어 화락하고 즐거운' 정경이었을 것입니다. 하지만 불행히도 그 전역에서 중국의 육군과 수군은 모두 대패하였습니다. 그때로부터 한국은 일본 제국주의자들에게 억압당하고 수탈당하며, 그들에게 통제 받는 비참한 운명에 놓이게 되었고, 우리 중국 역시 그때로부터 한 걸음 한 걸음 다가오는 일본의 핍박에 눌리어 온갖 고초와 아픔을 겪게 되었습니다. 그러므로 이 반세기는 동아시아 역사에서 가장 암담한 시기라고 말할 수 있습니다.

그러나 일본 제국주의자들은 그에 만족하지 않고 도덕과 역량의 잣대마저도 염두에 두지 않은 채 중·한 두 나라를 기필코 멸망시키려고 하였습니다. 그리하여 우리의 분노는 참으려야 참을 수 없는 지경에 이르러 끝끝내 폭발하여 신성한 항전을 시작하게 되었던 것입니다. 8년 동안의 참혹한 희생과 고달픈 분전을 거쳐 우리는 끝내 우리들의 공동의 적인 일본 제국주의자들의 조건 없는 항복을 받아냈고 우리 중·한 두 나라가 갑오전쟁 이후 80년 동안에 당한 크나큰 치욕을 씻어버리게 되었습니다. 그리하여 중국의 모든 영토는 광복을 맞이하게 되었고 한국 역시 완전한 해방을 맞이하게 되었습니다.

우리 중화민국이 창건되기 2년 전, 즉 한국 융희 4년의 8월 29일을 기억해 봅시다. 당시 일본이 정식으로 한국을 병합하자, 한국의 지사들은 일본 통제에 반항하고 한국 독립을 이루기 위하여 완강하게 분투하여 앞사람이 쓰러지면 뒷사람이 나아가는 정신으로 얼마나 많은 감동적인 사적을 남겨놓았는지 모릅니다. 민국 8년 3월 1일 귀 임시정부가 이끈 독립운동은 폭풍우처럼 거세게 연달아 일어나 전국에 널리 퍼져 일본 침략자들의 간담을 서늘하게 하였으며 세계를 놀라게 하였는바, 한국 혁명사에 가장 빛나는 한 페이지를 기록하여 놓았다고 해도 과언이 아닐 것입니다. 귀 임시정부는 줄곧 "중국 혁명이 성공하는 날이 바로 한국 독립이 실현되는 날이다"라고 인정해 왔습니다. 민국 8년에 상해 임시정부가 성립되자 임시정부는 곧 대표를 파견하여 광주에 주재하게 하였으며 본 당과도 급히 연계를 취하였고 이번 항전에서도 본 당과 특히 밀접한 관계를 가졌습니다. 우리는 모두 일본 제국주의자들을 쳐부수고 중·한 두 나라의 자유와 독립을 회복하며 서로 사랑하고 성심으로 대하는 것을 목표로 하며, 비바람 속에서도 고난을 같이하고 마음을 같이하여 간격이 없이 합작하며, 끊임없이 노력할 것입니다. 지난번 우리 총통 각하께서 카이로 회담에서 보여준 노력은 한국 독립이 국제적 보증을 얻을 수 있도록 하여 중·한 두 나라의 우정을 더 깊게 하기 위한 좋은 기초를 마련해 주었습니다.

지금, 한국은 이미 해방되었습니다. 귀국의 헤아릴 수 없이 많은 혁명 선열과 귀 임시정부의 여러 선생들, 그리고 귀국 국내와 해외 삼천만 동포들이 30년 동안 머리를 부수고 피를 흘리며 진행한 광복운동이 끝내 성공을 거두었습니다. 이는 한국의 크나크게 기쁜 일일 뿐만 아니라 중국의 크나큰 기쁨이기도 합니다. 중·한 두 나라 인민들은 모두 무상의 희열과 긍지를 느낍니다.

귀 임시정부의 여러 선생들이 영예를 지니고 조국으로 돌아가시는 때를 빌어 우리는 환송모임을 가지고 가슴속에 가득 찬 환희와 석별의 정을 조금이나마 표하고자 합니다. 주석께서는 최근 우리 중국의 동포들에게 "우리는 명석한 이지의 속박을 받아야 하며 경각과 엄정의 분위기를 되찾아야 합니다"라고 경고하신 적이 있습니다. 우리는 여기에 계신 여러분께서도 조국에 돌아가신 뒤에 귀국의 동포들로 하여금 "명석한 이지의 속박을 받고, 경각과 엄정의 분위기를 되찾"도록 할 수 있을 것이라고 생각합니다. 동맹군이 해방된 때를 빌려 다시 나라를 부흥시키고 곧추세우는 일을 잘 하여 한국으로 하여금 동아시아의 독립되고 자유로우며 부강하고 안락한 나라로 거듭나게 하고, 중국과 장기적·우호합작관계를 맺어 공동으로 일본이 다시 일어나는 것을 방지하고 공동으로 동아시아의 영원한 평화

를 위해 노력하리라는 것을 믿어 의심치 않습니다. 우리는 여러분
과 이 공동한 목표를 위하여 계속 함께 노력할 것입니다.
　여러분이 건강하시고 여로에 평안하시며 귀국 후 사업에 성과가
있기를 삼가 축원합니다. 또한 여러분께서 저희를 대신하여 귀국의
모든 동포들에게 진심으로 경의를 전달해 주실 것을 바랍니다.

김구(金九) 주석 답사
(대한민국임시정부 환송연)

1945.11.4 중

대비서장 외 여러 선생들께

오늘 저녁 본인 김구 및 우리나라 임시의정원 그리고 정부 동인들은 오 비서장님이 베푸신 성대한 연회에 참석하게 된 것을 기쁘게 생각합니다. 저희들은 이 연회에 참석하게 된 것을 영광으로 생각합니다. 이런 진정 어린 대우를 저희들은 영원히 잊지 않을 것입니다.

지난 30여 년을 회고해 보면, 귀국의 혁명 지도자들과 조야의 많은 중국 동포들은 진정으로 한국의 독립운동을 지원해 주셨습니다. 우리는 그 깊은 정을 마음속에 깊이 아로새길 것이며 또한 중한교류사에 우정과 사랑으로 빛나는 한 페이지를 기록해 넣을 것입니다.

정의는 강한 권력도 이기는 법이라는 사실은 이미 입증되었습니다. 일본의 기세 사나운 침략은 끝내는 패배의 운명을 맞게 된 것입니다. 귀국의 부흥과 우리나라의 독립은 원동지역의 평화를 위하여 기초를 다지게 될 것입니다.

본인 김구는 머지않아 조국으로 돌아가게 됩니다. 우리 사이의 우정은 이 이별의 시각, 더욱더 그 소중함을 드러내고 있거늘, 이 연연한 이별의 정을 어찌 말로 다 할 수 있겠습니까?

장 주석님께서는 바쁜 와중에도 전용비행기로 저희들을 전송하러 오셨습니다. 비할 바 없이 숭고한 이런 우정이 역사의 시범으로 길이 남을 것임은 의심할 바 없을 것입니다.

저는 이곳을 떠난 후에도 여전히 이곳에 대표를 두고 제가 이곳에 있을 때와 마찬가지로 귀 당과 밀접한 연계를 가질 것입니다. 또한 빠른 시일 내에 각지에 있는 한국 동포들에게 귀국을 호소하는 작업을 진행할 것인데, 귀국 관원들과 국민들의 도움하에 이 사업을 적극 진행하여 좋은 성과를 거두리라는 것을 믿어 의심치 않습니다.

여기 계신 분들께 감사드리면서 여러분의 건강을 축원합니다. 마지막으로 진심으로 높이 외치렵니다.

중화민국 만세!

중국국민당 만세!

장 주석 만세!

김구(金九) 주석이
중화민국 정부 인사들에게 드리는 고별서

1945.11.6 중

　아시아 동부에 위치한 우리 대한민국은 수천 년을 내려오며 중화민국과 형제처럼 의좋은 밀접한 관계를 유지하여 온 인방이며 이는 역사가 증명하고 있습니다. 그런데 50년 전부터 흉악하고 잔인한 왜구가 나라 정치를 게을리 한 틈을 타서 침략을 발동하여 우리로 하여금 나라까지 잃게 하였습니다. 조선의 많은 혁명지사들은 침통한 현실 앞에서 나라 잃은 원수를 갚기 위하여 앞사람이 쓰러지면 뒷사람이 이어나가며 수십 년을 하루같이 피와 몸을 바쳐왔습니다.

　그동안 민국의 전임 손 대통령과 지금 장 주석께서 우리 양국간의 전통적 우의를 염려하여 서슴없는 방조를 주셨고, 저희들은 또 정부 인사들의 여러 가지 협조를 받았습니다. 특히 항일전쟁 8년 동안 우리 임시정부는 민국정부와 함께 중경으로 이동하였는데 귀국 정부에서 정부자금을 빌려주고 군비를 제공하고 또 교포들의 생계를 유지할 수 있도록 도와주었습니다. 이처럼 경제상에서 매번 곤란하고 위급한 시기를 넘길 수 있게 해 주셔서 감격스럽기만 합니다. 또한 작년 카이로회의에서 장 주석께서 정의를 수호하여 한국의 독립을 보장할 것을 우선적으로 제시하여 동맹국들의 동의를 받았습니다. 이러한 정의적인 일들을 저를 포함한 한국 3천만 동포들은 영원히 잊지 않을 것입니다.

271

오늘 동맹군의 승리, 일제의 패배는 정의의 홍보와 승리를 의미합니다. 또한 우리 조선민족도 동맹군의 도움으로 해방을 맞이하게 되었습니다. 저는 한국 국내 민심의 재촉으로 첫길에 귀국하게 되었습니다.

또한 민국에서는 장 주석님의 배려하에 특별 비행기를 보내주셨고 당과 정계, 군계, 학술계, 그리고 문화단체, 인민단체들의 열렬한 환송을 받았습니다. 이 깊은 정의에 신심으로 감사를 드립니다. 다만 시간이 없어서 일일이 감사드리지 못하는 것을 깊은 유감으로 생각합니다. 그러나 이 석별의 정은 그 어떤 말로도 대체할 수 없습니다.

제가 귀국한 후 연합국 헌장에 따라 독립적이고 민주적인 나라를 건설하기에 노력하고 더욱이는 중화민국과 밀접히 합작하는 영원한 관계를 유지하기에 노력하고 동부아시아의 평화를 유지하기 위하여 노력하겠습니다.

두 민족의 영원한 합작과 화목이 억만 년 동안 길이 빛날 것을 기원합니다.

대중화민국 당계, 정계, 군계, 학술 각계와 각 문화 인민단체 인사들 모두 건강하시기 바랍니다.

김구(金九)・김규식(金奎植)이 김두봉(金枓奉)에게

1948.2.16 한

白淵 仁兄 先生 惠鑑

一九四四年 十月 十六日 延安서 주신 惠札을 拜讀한 以後 未久에 仁兄은 鴨綠을 건느고 弟는 黃海를 건너서 各各 그립든 故國을 차저오게 되였나이다. 그때에 있어서야 누가 한나라 한울 밑에서 三四年의 긴 歲月을 經過하면서도 서로 對面하지 못할 것을 뜻하였으랴가. 아아 이것이 우리에게는 解放이라 합니다. 이 가운데에 묻치어 있는 쓰라리고 설은 事情을 말하면 彼此에 熱淚한 滂沱할 뿐이니 찰알히 일컸지 아니하는 便이 헐신 좋을 것입니다.

何如間 우리는 自由롭게 故國의 땅을 밟었습니다. 우리의 寃讐 倭寇를 驅逐해 주고 우리로 하여금 還國할 수 있는 自由를 준 두 同盟國의 恩惠를 無限히 感謝하지 아니하면 아니 되겠습니다. 蛇蝎의 毒口를 버서난 우리 三千萬 同胞도 두 同盟國의 恩惠를 깊이 깊이 感謝하고 있습니다. 그러나 우리에게는 歡喜에 넘치는 光明한 正面이 있는 同時에 우리에게 恩惠를 준 두 同盟國 自體間의 矛盾으로 因하여 暗澹한 反面도 없지 아니합니다.

仁兄이여 이것을 엇지하면 좋겟습니가. 弟는 가슴이 답답하고 仁兄이 보고 싶은 때마다 때문은 보따리를 헤치고 일즉이 重慶에서 받었든 惠札을 再三 읽고 있습니다. 그 中에는 나에게 보냈다는 이러한 電文도 記錄되여 있읍니다. '今年三月先生給學武君的貴函 今下月初才收到 我們今日一切以民族利益爲基準 不應有些毫成見 我們對先生來延一次的意向無任歡迎' 또 나와 各團體로 보냈다는

273

이러한 電文도 記錄되여 있읍니다. '我們不問地域南北 派別異同 誠心團結 實事連落 始能促進會師鴨綠之現實 諸位若能同意 淵可以從中斡旋'떠 이러한 것이 記錄되여 있읍니다. '先生今次信中'連絡과 統一을 爲하야 老身이 一次 赴延하면 中韓 兩方面이 歡迎할 可望이 있겠는지? '여긔 對하야 우리가 誠心으로 歡迎할 뿐 아니라 中方面에서도 勿論 歡迎합니다.'

仁兄이여 今日 우리의 環境은 그때와 彷佛한 點이 많습니다. 우리 祖國의 統一이 現實되고 自主獨立이 完成될 때까지는 우리의 任務를 怠慢히 할 수 없는 것이 아닙니가. 責無旁貸인데야 弟도 餘生이 盡하기 前에 最後의 努力을 다하려니와 仁兄도 우리에게 懸案이 되어 있는 그 問題解決을 爲하여 深刻히 責任을 느끼실 줄도 確信합니다.

仁兄이여 아모리 友邦親友들이 好意로써 우리를 도와주려 한다하여도 우리 自體가 支離滅裂하여 그 好意를 接受할 準備가 完了외지 못하면 엇지 그것을 接受할 수 있으랬가. 그리하여 美蘇共委도 成果를 보지 못한 것입니다. 今次 유엔 委員團의 工作도 下等의 效果를 걷을 希望이 보이지 아니합니다. 그러면 엇지 하겠읍니가.

仁兄이여 只今 이 곧에는 三八線 以南以北을 別個國으로 생각하는 사람도 많읍니다. 그렇게 맨들랴고 努力하는 사람도 많읍니다. 그쪽에도 그런 사람이 없지 아니하리라고 생각됩니다. 그 사람들은 南北의 指導者들이 合席하는 것을 希望하지도 아니하지만은 其實은 絶望하고 이것을 宣傳하는 사람도 많이 있읍니다. 仁兄이여 이리해서야 되겠나있가. 남이 一時的으로 分割해논 祖國을 우리가 우리의 觀念이나 行動으로써 永遠히 分割해 놓을 必要야 있겠읍니가.

仁兄이여 우리가 우리의 몸을 반쪽에 낼지언정 허리가 끊어진 祖國이야 엇지 참아 더 보겠나있가. 可憐한 同胞들의 流離丐乞하는 꼴이야 엇지 참아 더 보겠나있가.

274

仁兄이여 우리가 不似하지만 愛國者임은 틀림없는 事實이 아님니가. 同胞의 死活과 祖國의 危機와 世界의 安危가 이 瞬間에 달렸거늘 우리의 良心과 우리의 責任으로써 便安히 앉아서 希望없는 外力에 依한 解決만 꿈꾸고 있겠음니가.

그럼으로 尤史仁兄과 弟는 우리 問題는 우리 自身만이 解決할 수 있다는 것을 確信하고 南北指導者會談을 主唱하였음니다. 主唱만 한 것이 아니라 이것을 實薦하기로 決心하였음니다. 그리하여 이 글월을 兩人의 連署로 올리는 것임니다. 우리의 힘이 不足하나 南北에 있는 眞正한 愛國者의 힘이 큰 것이니 人同此心이며 心同此理인지라 반드시 成功되리라고 確信함니다. 더구나 北쪽에서 仁兄과 金日成將軍이 先頭에 서고 南쪽에서 우리 兩人이 先頭에 서서 이것을 主唱하면 絶對多數의 民衆이 이것을 擁護할 것이니 엇지 不成功할 理가 있겠나있가.

仁兄이여 金日成 將軍께서는 別個로 書信을 보내거니와 仁兄께는 數十年 한곧에서 共同奮鬪한 舊誼와 四年前에 解決하지 못하고 둔 懸案解決의 連帶責任과 愛國者가 愛國者에게 呼訴하는 誠意와 熱情으로써 祖國의 땅우에서 南北指導者會談을 最速한 其間內에 成就식히기를 懇請함니다. 南쪽에서는 우리 兩人이 愛國者들과 함께 이것의 成就를 爲하여 最善을 다하겠나이다. 紙短語長하야 未盡所懷하니 하로라도 일즉 回音을 주사이다.

祖國의 完全獨立과 同胞의 自由幸福을 爲하야 仁兄게서 努力自愛하시기를 祝禱하면서 不遠한 將來에 우리에게 面敍할 機會가 있기만 渴望하고 붓을 놋나이다.

一九四八年 二月 十六日

金九

김일성(金日成)·김두봉(金枓奉)이
김구(金九)·김규식(金奎植)에게

1948.3.15 한

金九 金奎植 先生 共鑑

二月 十六日에 보내신 惠函은 받었읍니다. 貴 書翰中에 提起된 問題에 관하여 回答코저 합니다. 朝鮮이 日帝統治로부터 解放된 지 이미 二年 半이 되였으나 于今 朝鮮 民族은 自主 獨立의 統一 政府를 樹立하지 못하고 人民은 南北朝鮮의 判異한 政治 條件下에서 不同한 生活을 하고 있읍니다. 다 아시는 바와 같이 北朝鮮 人民들은 自己 손으로서 自己 運命을 解決하는 모든 創發性을 發揚하고 있읍니다. 그러나 南朝鮮에는 모든 主權이 米國사람의 손에 있기 때문에, 南朝鮮 人民들과 당신들은 아모런 權利와 自由가 없이 精神上과 物質的으로 困難을 當하고 있습니다.

이것이 누구의 잘못입니까. 그것은 朝鮮에 關한 모스크바 三相 決定과 쏘米共同委員會 事業을 積極 反對하며 出馬한 그들에게 責任이 있다고 우리는 再三 言明합니다. 萬一 모스크바 三相決定 을 實施하였다면, 벌써 朝鮮民族은 統一된 自主獨立政府를 가졌 을 것을 다시금 確信하여 마지 안습니다.

兩位 先生이 中國으로부터 祖國땅에 들어설 때에 우리는 당신들 의 活動을 深深히 注目하였읍니다. 당신들은 平凡한 朝鮮사람이 아닌 一定한 政治團體의 指導者들로서 朝鮮人民의 期待와 背馳되 는 表現이 있을 때마다 우리는 疑訝하게 생각하였읍니다. 당신들은

祖國땅에 돌아온 後에 今日까지 民族立場에 튼튼히 서서 朝鮮이
富强한 나라로 發展하여 나갈 수 있는 正確한 綱領과 眞實한 鬪爭
을, 文獻으로나 實踐으로 뚜렷하게 내놓은 것이 없읍니다. 당신들
은 朝鮮에 關한 모스크바 三相決定과 쏘米共同委員會를 積極的으
로 反對하여 거듭 破裂식히었읍니다. 당신들은 朝鮮에서 쏘米 兩
軍이 撤去하고 朝鮮問題 解決을 朝鮮人 自體의 힘에 맥기자는 쏘
聯代表의 提議를 露骨的으로 反對하기도 하였으며, 或은 無關心
한 態度로 默過하기도 하였읍니다. 더욱 遺憾스러운 것은 朝鮮에
대한 유엔總會의 決定과 소위 유엔朝鮮委員團의 入國을 당신들은
歡迎하였습니다.

　이제야 당신들은 青天白日下에서 朝鮮國土의 兩斷, 朝鮮民族의
分裂을 策謀하는 유엔朝鮮委員團과 米國司令官의 政治 陰謀를 看
破한 듯합니다. 그러나 아직도 당신들의 愛國的 抗議는 微溫的이
고 당신들의 立場은 明白하지 못합니다. 民族自主獨立이 危急에
逢着한 今日에, 당신들은 또 무엇을 要望하고 愛國的 抗爭을 實踐
에 옴기지 않습니까.

　다 아는 바와 같이 우리는 祖國의 自主獨立을 위하여, 모든 出版
物과 群衆大會를 통하여 國土의 兩斷, 民族의 分裂을 陰謀하는
유엔 決定을 反對하며 朝鮮에서 쏘米 兩軍이 撤去하고 朝鮮 人民
自體의 힘으로 朝鮮의 運命을 解決하자는 쏘聯 提議를 實現하려는
擧族的 抗爭을 展開하고 있읍니다. 이 鬪爭은 目的을 達成할 때까
지 말로서가 아니라 事業으로서 끝까지 鬪爭할 것입니다.

　이제 우리는 兩位 先生이 提議하신 南北朝鮮指導者連席會議의
召集을 本是는 反對하지 않읍니다. 그러나 당신들은 어떤 朝鮮을
爲하여 鬪爭하시려는지 그 目的과 企圖를 充分히 알 수 없기 때
문에, 우리는 連席會議 成果에 대하여 완전한 確信을 가질 수 없

습니다.

兩位 先生은 우리의 實踐에서 나타난 우리의 政治綱領과 우리의 鬪爭目的을 혹은 出版物로써 혹은 事業面에서 充分히 看破하였을 줄로 믿습니다. 우리는 앞으로도 朝鮮民族의 正當한 立場에서 우리의 綱領과 우리의 目的을 떠나지 않고, 朝鮮의 愛國者로 自己의 努力과 生命을 애끼지 않고, 國土의 兩斷과 民族의 分裂을 反對하며 統一된 民主主義 自主獨立을 爲하여 鬪爭할 것이며, 또 우리 祖國을 外國帝國主義者들에게 팔아먹으려는 모든 反逆者들을 反對하여 鬪爭할 것입니다.

우리는 우리들이 벌서 내세운 綱領과 目的을 끝까지 實現하려는 政治的 立場에서, 國土를 兩斷하고 民族을 分裂하는 南朝蘇 反動的 單獨選擧를 實施하려는 유엔 決定을 反對하는 對策을 이미 세우고, 그 鬪爭方計을 討議하기 위하여 南朝鮮 어떤 政黨·社會團體들에게 南北會議를 召集하자는 書信을 벌써 보내었읍니다. 兩位先生은 이 對策을 贊同하리라는 것을 우리는 確信하고 싶습니다. 南北朝鮮 小範圍의 指導者連席會議에 관하여서는 一九四八年 四月初에 北朝鮮 平壤에서 開催할 것을 同意합니다. 우리의 意見으로는 이 連席會議에 參加하는 成員 範圍를 다음과 같이 提議합니다.

南朝鮮에서는 金九 金奎植 趙素昻 洪命憙 白南雲 金朋濬(新進党) 金一靑 李克魯 朴憲永 許憲 金元鳳 許成澤 劉英俊 宋乙秀 金昌俊 등 十五名과 北朝鮮에서는 金日成 金枓奉 崔庸健 金達鉉 朴正愛 以外 五名으로 豫想합니다.

(一) 朝鮮의 政治現勢에 對한 意見交換

(二) 南朝鮮 單獨政府 樹立을 爲한 反動選擧 實施에 關한 유엔

總會의 決定을 反對하며 鬪爭할 對策樹立
(三) 朝鮮統一과 民主主義 朝鮮政府 樹立에 關한 對策 研究 等
    等

萬一 兩位 先生이 우리의 提議를 同意하신다면 一九四八年 三
月 末日內로 우리에게 通知하여 주실 것을 바랍니다

　　　　　　　　　　　　　　一九四八年 三月 十五日
　　　　　　　　　　　　　　○○○ (印)
　　　　　　　　　　　　　　○○○ (印)

강현홍(康賢洪)이 김구(金九)에게

1949.1.25 한

金九 主席 閣下

閣下시어 半個年이나 알�이 못하와 罪悚하도소이다.

理由로서는 一. 先生任이 서울 떠나셨다는 公公然히 發表하는 放送을 듣은 것. 一. 政勢의 變遷으로 機會를 기다리자는 것. 一. 靜界를 宣言하신 閣下의 心情을 傷해 드릴가 念慮한 것. 一. 政勢가 利로이 몯한 形便임으로 或是 저 者들의 눈에 띄이면, 滋味롭지 몯한 事件이 生起일가 念慮하야 本團의 決議로 閣下의 指示를 繼續 履行하되, 後日 機會를 보아 報告하자는 것. 以上 列擧한 條件으로 當分間 報告를 保留햇던 것입니다.

그러나 過去나 現在나 未來나 閣下의 路線을 絶對支持 贊同하는 仝時에, 南北統一이 없이는 人生 問題 解決이 없다는 閣下의 宣言을 目標의 指針으로 삼고 工作을 繼續 前進中이오며, 前番 下敎하신 事項을 下敎 晩秋之慮(?)이 于在하나 調査 保有하고 있아오니 後日 報告하겠아오며, 工作事項을 下敎하시면 絶對 服從하야 遵行하겠압나이다.

本團은 바람의 불니는 갈대 模樣으로 政勢를 따라 이리 붓고 저리 붓는 本團이 아니오니, 閣下께옵서 或是 疑心하섰을지는 모르오나, 죽는 恨이 있다 할지라도 閣下께 한 번 誓約한 바를 忘却 背反하겟나이가, 믿어 주십시오.

現在 三八 接境에는 人民軍 移動이 晝夜로 있아와 一燭一發의
危機에 當面하고 있읍니다. 今番 北朝 最高人民會議는 三八線 問
題를 가지고 討議中인 것 같으며, 勝負를 決하라는 ●●으로 心血
을 傾注하는 것 같읍니다.

近日부터는 電量을 工場이나 家庭을 莫論하고 時間別로, 혹은
키로別로 分配電하니, 또 한가지 참키 어려운 造作으로 人民을
苦勞되는 形便입니다. 余分 電量은 蘇聯과 滿洲로 送傳한다는 것
입니다.

本團은 始終如一하게 閣下를 首席으로 받드는 仝時에, 後日을
期待코 굳게 團結되여 猛活動中이니, 安心하시고 事業을 下敎해
주옵시기를 바라고 期待되는 바입니다. 以上

一九四九年 一月 二十五日

工作團 代表 康賢洪

●은 판독 불능

백범학술원총서 간행사

　백범 김구 선생은 우리들이 모두 아는 바와 같이 온 생애를 겨레와 조국의 자유해방 독립통일에 바치신 우리 민족의 위대한 지도자요 영원한 스승이시다. 백범 선생은 우리나라가 통일되고 자유로우며 높은 문화를 가진 진정한 민주주의 국가가 되어 전 세계 인류와 함께 손잡고 세계평화를 형성 발전시켜 나갈 것을 간절히 소원하셨다. 이 과제는 21세기에 아직도 우리들이 성취해야 할 문제로 남아 있다.

　우리들은 이에 백범 선생의 사상과 정신을 학습하고 발전적으로 계승 실천하여 우리들의 미래를 개척하면서 자유롭고 자주독립하며 세계평화에 기여하는 통일조국을 건설하여 높은 문화창조의 꺼지지 않는 정신적 원동력을 공급받기 위해 〈백범학술원총서〉를 간행하게 되었다.

　백범 선생의 사상과 정신을 배우는 이 총서가 독자들에게 나라사랑 겨레사랑 세계인류사랑의 바탕 위에서 진정한 자유와 민주주의와 높은 문화를 가진 통일조국을 건설하고 모든 민족이 서로 존중하면서 진정한 세계평화를 건설하기 위한 정신적 원동력을 형성 공급하는 데 한몫을 수행할 것을 확신한다.

2002년 2월

백범학술원장　신 용 하

나라사랑, 겨레사랑, 세계인류 사랑의 바탕 위에서 진정한 자유와 민주주의와
높은 문화를 가진 통일조국을 건설하자는 백범 선생의 사상과 정신을 배울 수 있는 책!

白凡 金九先生 言論集 (상·하)

백범 김구 선생께서 쓰신 논설·평론·선언서·기념사 등에서 가장 중요한 79편의
글들을 뽑아 모은 〈백범학술원총서〉로 시기별로 구분해 상·하권으로 엮었다.
상권은 1945년 8·15광복, 광복 이전의 논설과 평론 등 31편을,
하권은 광복과 광복 후 서거 때까지의 논설·평론 등 48편을 수록하고 있다.

· 신국판 | 168면(상), 184면(하) | 값 12,000원

NANAM
나남출판
031)955-4600
www.nanam.net